JN074803

刑法における故意と錯誤
—行為計画説による見地から—

樋笠尭士

●●●● はじめに ●●●●

　刑法は故意犯処罰（刑法 38 条 1 項）を原則としている．刑法において故意犯が成立するためには，客観的な要件の充足に加えて，主観面において故意が必要である．故意とは，刑法の構成要件に該当する事実を認識し認容することである（認容説）．ここで，たとえば，行為者が A を殺害するつもりで発砲し，予想外に弾が B に当たってしまった場合，行為者には B に対する故意が存するのか，すなわち，B との関係で行為者には殺人罪が成立するのか，それとも過失致死罪が成立するのか，という問題がある．上述の事例について，通説である法定的符合説は，行為者が認識した事実と実際に発生した事実が抽象的に構成要件の範囲内において符合している場合には故意を認める．これに対して，有力説である具体的符合説は，構成要件にとって重要な事実（客体）について，行為者が認識した事実と実際に発生した事実が具体的に一致したときにのみ故意を認める．両説の結論は対立しているが，最高裁判所はこの事例について法定的符合説を採用（最判昭和 53・7・28）した．しかしながら，裁判所の採る法定的符合説によれば，この場合に，B に対する殺人罪既遂罪と A に対する殺人罪未遂罪の 2 罪が行為者に成立することになり，本来 1 つしかなかった殺人の故意を行為者に 2 つ認める．罪数において観念的競合により科刑上一罪になるものの，行為者の故意に応じて道義的非難が生じ，その責任として刑罰が科されるという責任主義に照らせば，故意論で解決されるべき問題を罪数論で検討してはいけないと思われる．

　この点，近年は，「人に対する故意の具体化が必要」（大阪高判平成 14・9・14）とされ，また，「意図していなかった客体について故意を認めるならば，量刑上，刑を重くする方向でその故意を考慮してはならない」（東京高判平成 14・12・25）とされ，少なくとも高等裁判所では結論（量刑）として具体的符合説に立ったとも評価できる裁判例があることが確認される．

　裁判所は法定的符合説を用いて故意を認めておきながら，なぜ量刑では

3

その故意を，刑を重くする方向で考慮しないのか，そもそも，具体的符合説では妥当な解決が図れないのかという疑問が生ずる．また，例外的に錯誤論として主張される各学説は，故意論の統一的な理解のもとで立論されるのか否かという点も検討が必要である．

　法定的符合説と具体的符合説の是非，およびそれらを修正した見解などの検討を基礎とし，「方法の錯誤」という一類型の解決のみならず，いわゆる例外としての錯誤論を故意一般の理論に昇華することが本書の目的である．

　したがって，方法の錯誤に関する詳細な検討の後，故意論を含む犯罪成立要件に関する考察も行う．それゆえ，因果関係，実行行為，共犯関係，未必の故意に関する考察を各章にて行うこととする．

　本書は，中央大学大学院法学研究科において，32641甲第784号の博士（法学）を取得した際の博士論文「錯誤論と故意論の関係—行為計画説の見地から—」（2018年）に加筆修正を施し，やや一般向けの書籍としたものである．

凡　例

判例・文献略語表

大判（決）	大審院判決（決定）
最判（決）	最高裁判決（決定）
高判	高等裁判所判決
地判	地方裁判所判決
支判	支部判決
刑録	大審院刑事判決録
刑集	大審院刑事判例集・最高裁判所刑事判例集
刑月	刑事裁判月報
高刑集	高等裁判所刑事判例集
高刑特	高等裁判所刑事裁判特報
裁時	裁判所時報
判タ	判例タイムズ
判評	判例評論
LEX/DB	LEX/DB インターネット（TKC 法律情報データベース）
LLI DB	LLI/DB インターネット（判例秘書インターネット）
WLJPCA	Westlaw JAPAN インターネット

第 1 章

同一構成要件間における
方法の錯誤について

I 方法の錯誤とは

　方法の錯誤とは[1]，別名，打撃の錯誤（aberratio ictus）とも呼ばれるものであり，行為者が A を狙って拳銃を発砲したときに予想外に B に弾が当たってしまったというのが典型的な事例である．本章では方法の錯誤を扱う．これは，単なる方法の錯誤の事例の解決，すなわち結果に対する故意の成否の処理方法だけでなく，概括的故意や未必の故意の諸問題とも関連し，客観的帰属論，相当因果関係，予見可能性の存否，ひいては故意論の本質に迫る重要な問題である．そして，このような錯誤と故意の問題は[2]，罪を犯す意思という刑法 38 条 1 項にかかわることになり，罪刑法定主義を掲げる刑法にとって本質的な問題である．

　上述の例において，予想外の客体である B に対する故意は行為者に存するのか，それとも B に対する過失が存するのかについては，学説の対立がある．我が国では，大判大正 5・8・11（刑抄録 67 巻 8878 頁）のみが具体的符合説を採り，以降大判大正 11・2・4（刑集 1 巻 32 頁）は「殺人罪は故意に人を殺害することにより成立し被害者が何者であるかはその成立に影響を及ぼさないから，甲を乙と誤認して殺人の実行に着手した場合でも故意を阻却しない」とし，さらに，最判昭和 53・7・28（刑集 32 巻 5 号 1068 頁）は「犯罪の故意があるとするには，犯人の認識した事実と発生した事実が法定の範囲内で一致すれば足り，殺意を持って殺害行為に出た以上犯人の認識しなかった人に結果が発生した場合にも故意があるといってよい」とし，判例は法定的符合説を採用したものとされてい

---

1) 錯誤論の問題を未必の故意の範疇に入れ，解消しようとするものとして，荘子邦雄「法定的符合説」日本刑法学会編『刑法講座第三巻』（有斐閣，1963 年）122 頁以下などが挙げられる．

2) このように錯誤論から故意の本質に迫るものとして，福田平「方法の錯誤に関する覚書－法定的符合説についての再考－」井上正治博士還暦祝賀論集（1）（有斐閣，1981 年）221 頁以下，下村康正「併発事実と錯誤理論」警察研究 48 巻 2 号（1977 年）10 頁以下など．

る[3].　学説においてもおおむね法定的符合説が支持され,　法定的符合説が通説とされている状況である.

　とはいえ,　方法の錯誤の事例に関して,　学説上,　かかる具体的符合説も依然として有力である.　両説から導かれる結論は全く反対のものであり,　この対立は,　構成要件的評価の上で,　故意をどこまで抽象化するのか,　あるいは具体化するのかという問題をはらんでおり,　故意とは何か,　さらには,　錯誤論と故意論の関係について考えるにあたり,　非常に有益な議論を提供するものであると思われる.　また,　近年,　具体的符合説を修正する見解や[4],　法定的符合説と具体的符合説の中間を進む見解も主張されていることが特筆されよう[5].

　そのような状況の下,　注目すべきことに,　平成14年に出た2つの裁判例は,　量刑として,　具体的符合説から導かれるものと同様のものになっていると思われる.　大阪高判平成14・9・14（判タ1114号293頁）では,　傍論ではあるが,　人に対する故意の具体化が必要だとされ,　東京高判平成14・12・25（判タ1168号306頁）では,　法定的符合説に依拠して意図していない客体に対する故意を認めるのならば,　量刑上その故意を考慮してはならないとされた.　ここで,　なぜ上記の東京高判平成14・12・25

---

3)　林幹人『刑法総論 [2版]』（東京大学出版会,　2000年）250頁で林幹人は,　法定的符合説と法益符合説を折衷した法益関係的法定的符合説に立つ.「故意の成立には構成要件該当事実の認識が必要にして十分である以上,　具体的事実の錯誤は故意を阻却せず…」とし,　判例も法益関係的法定的符合説に依拠するという.

4)　井田良は,　修正された具体的符合説というものを観念する.　また,　齋野彦弥は,　徹底して具体化された故意というものを観念する.　具体的な行為者の認識にしたがう事実的な故意の概念によって,　一切の符合を認めない.　すべて認定の問題で解決されるべきとする.　齋野彦弥「事実の錯誤と故意概念」現代刑事法6号（1999年）49頁.

5)　伊東研祐は,　具体的符合説と法定的符合説の中間をいく結論をとり,　意図しない結果について,　「いわゆる未必の故意が認められない場合であっても,　行為者に,　潜在的・未必的あるいは同時的表象があって,　かつ発生事実が本来的表象に基づく実行行為の謂わば当然の結果と言い得る場合」は故意を認めるとする.　伊東研祐「故意の内実と結果の帰属範囲についての一考察」『平野龍一先生古稀祝賀論文集上巻』（有斐閣,　1990年）288頁.　また,　能勢弘之は,　個性を重視すべき法益とそうでない法益とを区別し,　前者については具体的符合説,　後者については法定的符合説を適用するという「法益による二分説」という折衷説を唱えている.　詳しくは能勢弘之「事実の錯誤」現代刑法講座第2巻（成文堂,　1979年）321頁以下.

は，法定的符合説を採用しておきながら，量刑でその故意を，刑を重くする方向で考慮しないのか，そして考慮しないならば，具体的符合説の考え方ではなぜ妥当な解決が図れないのかという根本的な疑問が生じるのである．つまり，法定的符合説がおおむね判例の採用する見解であって，その点にもはや争いがないとされてきた状況は再度，検討が必要だということになる．

　本稿は，これらの判例および裁判例を契機に，方法の錯誤についての基本的議論に立ち戻り，通説とされてきた法定的符合説が果たして妥当なものなのか，そして具体的符合説による解決の可能性はあり得るのか，もしくは他の学説を採用すべきなのかを検討していくものである．また，筆者は方法の錯誤の問題について，通説である法定的符合説は理論的に不十分であると考えている[6]．しかしながら，有力説である具体的符合説にも理論構成が不十分な部分があり[7]，少なからず妥当性に疑問が残ると考えている．したがって，方法の錯誤の扱いを検討する素材として，長く，具体的符合説を通説としているドイツにおける議論や判例を参考にし[8]，若干の考察を加えながら方法の錯誤の解決へのアプローチを試みる．なぜな

---

[6]　英米ないしフランスでも，法定的符合説に準ずるものが採られている．英米法では transferred intention と呼ばれ，例外的な場合に意図しなかった客体に対して故意を移転させるという概念がある．また，フランスにおいて法定的符合説以外に他説も有力化しつつある．詳しくは，木村光江『主観的犯罪要素の研究』（東京大学出版会，1992年）127頁以下．

[7]　具体的符合説は，構成要件的符合を問題とする部分があるので，その意味で具体的法定符合説（または保護法益主体符合説）と呼ぶ論者も多い．とくに平野龍一『刑法総論 I』（有斐閣，1973年）175頁，同「具体的法定符合説について」法学教室創刊号（1980年）56頁以下など．また，法定的符合説を抽象的法定符合説と呼ぶ論者もいる．たとえば A と B の殺人罪の構成要件2つを実現する場合，「同じ構成要件の種類だが，別個の構成要件内での符合」になり，それに対して具体的符合説は，「同一構成要件の範囲内」に符合を認める，つまりたとえば右腕を狙って左腕にあたるような傷害という同一の構成要件内での錯誤において故意の符合を認めるので，具体的符合説はまさに具体的法定符合説なのである．また，法益主体が同一であれば包括一罪となるから故意を阻却しないとする具体的法定符合説もある．詳しくは，西田典之「共犯の錯誤について」『団藤重光博士古稀祝賀論文集第3巻』（有斐閣，1984年）97頁．

[8]　ドイツにおける方法の錯誤の議論を詳しく取り扱うものとして，中義勝「方法（または打撃）の錯誤について」関西大学法学論集32巻6号（1983年）9頁以下，佐久間修「ドイツにおける事実の錯誤論について」名古屋大学法政論集101巻（1984年）75頁以下など．

ら，ドイツでは具体的符合説を錯誤論としてではなく，故意の本質の観点から考えて理論を成熟させてきたからである．

Ⅱ　日本における方法の錯誤の議論

1．学説

　法定的符合説（抽象的法定符合説）は，認識事実と実現事実が構成要件の範囲内において符合している場合には故意を認める．つまり，Aを殺害しようとしてBを殺害した場合に「Aという人を殺そうとする意思」を「およそ人を殺す意思」というようにとらえ，殺人罪という同一構成要件内で符合することを根拠に故意を認める．すなわち，構成要件的に特定された故意から構成要件的結果が発生しており，行為者は「人を殺してはならない」という規範に直面しているのであるから，殺人に対する反対動機の形成が可能なのである．

　これに対して，具体的符合説では[9]，構成要件的に重要な事実において，認識内容と発生事実が具体的に一致しなければ故意を阻却する[10]．違法評価を受ける構成要件該当事実を主観面において反映するものとして責任を基礎づけるものが故意であるとするならば[11]，その故意は，構成要件該当事実の認識であり，かつ，構成要件該当性は法益主体ごとに判断されるのであるから，構成要件該当事実の認識・予見である故意の判断に関しては法益主体の相違は無視できない重要性を備えている．すなわち，法益主体の個別性，具体性を捨象することはできず，故意が認められるためには，

9）法定的符合説と具体的符合説の名称に関して，山口厚は，法定的符合説の見地に立ちながら論理が進むことから，法定的符合説を「抽象的法定符合説」，具体的符合説を「具体的法定符合説」とする方が優れているという．構成要件的符合を問題とする限りで，まさにその通りであろう．山口厚『刑法総論［第3版］』（有斐閣，2016年）221頁．

10）また，同一法益主体の同種の法益侵害の場合に故意犯の成立を肯定する見解として，保護法益主体符合説もある．

11）主観的違法要素を認める見解である．

具体的法益主体の認識が必要であるとする。同説からすれば，方法の錯誤の場合では，Aに対する殺人未遂罪とBに対する過失致死罪が成立するにとどまる。

（1）法定的符合説の検討

法定的符合説に対しては，周知のように故意の個数について批判がなされている[12]。たとえば，Aを殺す意図でAを狙って拳銃を発射したが，Aに対しては弾が貫通し，傷害を負わせたにとどまり，意外にも銃弾はBにも命中し，Bを死亡させたという併発事実が発生した場合を考えてみると，法定的符合説からの解決は大別すると4つ存在する。

①数故意犯説で，Aに対する殺人未遂罪，Bに対する殺人既遂罪が成立し，両罪は観念的競合とする見解[13]。②Aに対して殺人未遂，Bに対して過失致死とする見解[14]。③いわゆる一故意犯説で，Aに対して過失致傷，Bに対する殺人既遂とする見解[15]。④一故意犯説の一種で，Bに対する殺人既遂のみを認め，Aの傷害はそれに吸収されるという見解[16]。以上4つが主な見解である。

---

12) 故意の個数に関して，法定的符合説に賛同しつつ，判例に疑問を投げかけるものとして，金澤文雄「打撃の錯誤について」広島法学5巻3・4合併号（1982年）45頁以下では，「判例のこの立場は法定的符合説の適用を誤っていると思う。…殺人罪の構成要件の解釈を誤ったといえるのではないか…刑法199条の『人ヲ殺シタル者』の『人』は単数であるが，数については全く不特定であるかという問題である。ドイツ語，フランス語，英語などでは殺人罪の規定は『一人の（他）人を殺す者』となっており…『人』が甲であれ乙であれ，『誰か一人の人』という意味がはっきりしている。そうであれば…構成要件的に一致するのは『一人の殺人』だけであり，もう一人については過失犯を認めるほかにはない…それが法定的符合説からの全く単純な結論である。」と述べている。
13) 林幹人は，1人しか殺す意思がないので，2つの故意責任を認めることは出来ず，包括一罪で処断すべきという。林・前掲注3) 257頁。
14) 下村・前掲注2) 10頁以下「たとえ既遂に達しなかったとはいえ，もはやそこには錯誤の存在する余地がないのであって，そこには殺人未遂が成立してしまっており，それと同時に故意は完全に燃焼し切ってしまっていて，のこるかけらはないと解すべきで…のこるのは過失犯成立の可能性のみ…」と述べる。
15) 大塚仁「事実の錯誤について」法学教室13号（1981年）21頁以下。
16) 福田・前掲注2)。

　①については，行為者が認識した以上の故意犯を認めることは責任主義に反するという批判や，一個の故意について複数の故意犯を認めて観念的競合とするのは刑法の認めるところではないとの批判がある．すなわち，はじめから 2 人以上の人を殺害するつもりで散弾銃を撃ち，2 人を死亡させて観念的競合となる場合と，方法の錯誤の場合を同じものとして扱うことはできない．そして，観念的競合とは，犯罪の成立にかかわるものではなく，科刑上の概念であるので，複数の故意を認めるための根拠とはなり得ない．しかしながら，被害者 A，B の個別性を問題としないのが法定的符合説であるから，数個の故意を認めることは可能であり，理論的に破綻しているとまではいえないようにも思われる．また，観念的競合として 1 個の故意犯の刑の限度で処罰されるのであり，観念的競合とはこのような趣旨を含んでいると解することができるとの再反論もされうるだろう．

　とはいえ，いわゆる数故意犯説に対しては [17]，上記のような併発事実の場合にもいえるように，そもそも行為者が規範に直面できるかが故意責任を問うための大前提なのであるから，A・B の 2 人に対して，つまり 2 個の規範に直面しなければならないという批判がある [18]．

---

17) 山口厚は，故意の個数の問題は法定的符合説固有の問題ではないという．山口・前掲注9) 228頁．たとえば，Aを殺そうとしてBをAと間違えてピストルで殺害したという場合，B殺害の故意は否定されないが，近くにAがおり，正しく特定されていた可能性があれば，Aに対する殺人未遂の可能性を否定することはできず，この場合に故意の個数が問題とならざるを得ないとされる．この点，具体的符合説からは故意の個数に対応した故意犯の成立が認められるにすぎないとも考えられる．また，井田良は，どのような説に立っても故意の個数を犯罪の成否の場面で考慮することは困難をもたらすといい，故意の個数の問題は量刑の場面で解決すべきであるという．ひとまず数個の故意犯の成立を肯定しておきながら観念的競合の関係を認め，量刑の場面で故意の重複評価を回避すれば足りるという．井田良「故意における客体の特定および『個数』の特定に関する一考察（一）」法学研究58巻9号（1985年）37頁．
18) 只木誠「併発事実と錯誤について」法学新報113巻9・10号（2007年）337頁は「（数故意犯の主張について）…『二個』の死についての『規範の問題』は与えられていないのではないか…一身専属的法益が問題となる犯罪については，故意の量的増加は，複数の反対動機形成可能性の存在を前提とするのではないか」と数故意犯説に対して疑問を呈している．また，内藤謙『刑法講義総論（下）Ⅰ』（有斐閣，1991年）は，法定的符合説の数故意犯説に対する批判として，「…殺人罪においては侵害された客体の数が罪数決定の基準となり，A，Bの両者に対する殺意をもって，1個の行為により両者を殺したときは，A，Bそれぞれに対する2個の殺人罪が

この批判を前提とすると上記の事例で，Bを認識していない場合には，Bに対して殺人既遂罪が成立するのに対して，（未必の故意で通説の認容説をとるとして）Aを狙う際にBも認識していたが，およそBに当たることはないと思っていた場合には，Bに対して過失致死罪が成立するに過ぎない．そうすると，客体を認識していれば過失犯，認識していなければ故意犯となるのは不均衡といえる．同様に，先に挙げた最高裁昭和53年の鋲撃ち事件では，意図しなかった客体（30m先の通行人）に対して，強盗殺人未遂罪が成立しており，法定刑の下限は無期となっている．これに対して，通行人を認識した上で発砲し，もちろん強盗の手段として認められないような形で，傷害をした場合には，殺人未遂罪が成立し，法定刑の下限は5年となり，これは明らかに不均衡であるといえよう．このように数故意犯説を採ると，認識の有無と法定刑が釣り合わない不均衡な場合が存在するのである．

　②については，通常の，Aに当たらずAは無傷でBにあたりBが死亡する事案では（Bに対して）殺人既遂を認めるのに対し，本事案ではAが負傷しているのに殺人未遂のみしか認められないのは不均衡ではないかと思われる[19]．

　③については，いわゆる一故意犯説では，Aに対する過失致傷罪，Bに対する殺人既遂罪が成立することになるが，Aを殺そうとしてAを狙っ

成立するところ，もし刑法199条が「およそ人」の生命という価値を保護するために「およそ人」を殺すなと命令しているのならば，1個の行為で何人もの人を殺しても，およそ1個の「人殺し」として，1回の構成要件の充足のみを認め，1個の殺人罪のみが成立することになるはずである」という．山口厚は，「…Aを殺そうとして遂げず，意外にもBを殺した場合，『Aの殺害を遂げなかった』という構成要件該当事実と『Bの殺害』という構成要件該当事実が別個に存在しており，この限りにおいて，『2つの客体』の相違は明らかに構成要件的評価の上で重要だからである…この意味で，『構成要件的符合』という観点からすると，構成要件的評価と故意にとっての認識事実の重要性の評価とを連動させていない抽象的法定符合説は『法定的符合説としては誤っている』といわざるをえない…」と述べる．つまり，Aの死亡と，Bの死亡は構成要件上，別個のものと評価された上で2個の殺人罪となるのであって，構成要件的符合を基準にするならば，Aの死亡に対する故意も，Bの死亡に対する故意も別個のものであると評価しなくてはならないとするのである．山口・前掲注9）．

19) もっとも，具体的符合説からすれば，不均衡は存在しないことになろう．

たのにもかかわらず，A に対する故意が認められないとするのには疑問があるうえ，また，A がのちに死亡した場合に，A に対する殺人既遂と B に対する過失致死を認めることになるが，いったん B の死について故意を認めながら，A の死亡後に故意の内容が変化するのは不合理である．これに関しては，訴訟実務の観点からは，係属中に被害者が死亡し既遂になることで適用される構成要件が変更になることはあり得るから，著しく不合理とはいえないと再反論できよう．しかしながら，訴因変更の可能性を理由として故意の内実を確定せずペンディングにすることは許されないと思われる．また，さらに，B，C というように意図しない侵害客体が 2 つ以上出てきたときには，B，C どちらに殺人既遂を認めるべきかの判断が容易ではないとの批判もある．確かにその区別において基準を導き出すのは困難といえよう．

　④については，A に対して故意をもって傷害を与えておきながら，その意図した客体に対し過失犯すら成立しないというのは不当であると思われる．B の死とは独立して A について判断すべきである．

　また，そもそも法定的符合説に対しては，B に対しては殺す意思がない以上，故意犯の「実行行為」は存在せず，したがって未遂犯は成立せず，そして未遂犯が成立しない以上，故意既遂犯も成立しえないのではないかという批判もある[20]．しかし，B が A の近くにいるときに，A に対して発砲がなされれば，B に対する客観的な危険性が存在することになる．このように危険性が存在するのにもかかわらず，B を狙ってはいないという主観的な理由で実行行為がないとするのは不当である．さらに，法定的符合説全体に対しては，相当因果関係において客観説を採る場合に，行為者に不合理な結果をもたらすとの批判がされている．すなわち，A に向かって発砲したところ，外れた弾が天井を貫通し，たまたま泥棒をしようと忍び込んで屋根裏部屋にいた B に当たって同人を死亡させたような場合，法定的符合説によると B に対する殺人既遂を認めることになり，不当であ

20) 町野朔「判批」『刑法判例百選〔2版〕』(有斐閣，1984年) 111頁.

るといえる.

　そもそも,「およそ人」の範囲で符合を認めることがはたして妥当であろうか. すなわち, 刑法の規範は行為者に個別具体的な法益主体であるAやBを殺すなという命令をしているのであって,「およそ人」という段階まで抽象化するのは許されないはずである. たとえば, 行為者がAを殺害する際には, 行為者にとってAを殺害することにこそ意味があるのであって[21], (もちろん客体の錯誤にも同様に当てはまることだが) それがBであった場合には, 殺害計画を中断することも充分に考えられる. とすれば, 行為者が客体をBと認識すれば, 反対動機を形成することができ, 殺害行為には出ないのである. その点で行為者の認識・表象と現実とに齟齬がある以上, 行為者には依然として反対動機が形成されていないとも考えられる. それゆえ, ここで行為者に行為者に故意犯を肯定することは, 責任主義の原則に違反し, 罪刑法定主義に違反しうるようにも思われる.

(2) 具体的符合説の検討

　一方, 具体的符合説に対して向けられる主な批判として次のようなものがある. すなわち具体的符合説が軽微な錯誤までを問題とするため, 故意を認める範囲が狭くなりすぎて実務に適合しない, あるいは, 故意の阻却について結論を異にする客体の錯誤と方法の錯誤の区別をするのは実質上困難であるとの批判である[22]. 前者について, たとえば, ある人の所有物Aを壊そうとして, 誤ってその人の所有物Bを壊したような場合には, A

---

21) 井田・前掲注17) で井田良は「実行の着手時期に関する実質的客観説や折衷説を採る限り, 主観的違法要素としての…「行為者の計画」が判断の一要素として考慮されることは当然であり…仇敵Aを殺そうと考えた行為者がライフルのファインダーを覗いて通行人の中からAを探している場合に, その行為者が, 客体を特定できたかどうかは, 重要な区別として考慮されなくてはならない. …たとえその犯罪を行う確定的な意思があっても, 対象が全く特定されない場合には, 故意があることにはならないし…客体の特定も, 故意の内容に含まれるとした方が素直なのである.」と述べる.

22) 山口厚は,「方法の錯誤と客体の錯誤は, 錯誤事実上の分類であり, また区別が明確になしえない場合があるからといっても, 具体的法定符合説の規範的基準の妥当性が揺らぐわけではない.」とする. 山口・前掲注9) 226頁.

に対する器物損壊の未遂，Bに対する過失損壊であるから，犯罪は不成立である．このような未遂処罰や過失処罰の規定を欠く犯罪類型の場合には，刑の不均衡が生じることになる．そして，後者については，特に客体を視覚的に特定していない離隔犯や[23]，よく挙げられる自動車爆殺事例において[24]，両者の区別はいっそう困難となろう．

しかしながら，具体的符合説は，それが具体的「法定」符合説と呼ばれるように，完全に具体的な符合がなければ故意を認めないとするものではなく，同一の法益主体に同種の法益侵害が生じた場合には符合を認め器物損壊の既遂を認めうるとの主張もされている[25]．また，上述してきた「人」のような「生命」という一身専属的な法益ではなく，「物」すなわち「財産」という非一身専属的な法益については[26]，客体の個性は重要ではない．したがってこれ2つの理由から，具体的符合説に立っても，前者の事案の場合に器物損壊の既遂を認めることはなお可能であると思われる[27]．

また，別の視点から，共犯との間での錯誤の場合にも，具体的符合説によると不合理な結果が生じるという批判もある．Rose-Rosahl事件のような[28]，XがYに対してAを殺すよう命じたが，YはBをAだと思って殺してしまったような事例では，Yにとっては客体の錯誤，Xにとっては方法の錯誤になり，具体的符合説からはXに故意を認めることはできず

23）毒酒を送る事例や，電話で侮辱する事例等が挙げられる．詳しくは，拙稿「離隔犯における客体の錯誤と方法の錯誤の区別—最後に特定された客体との齟齬—」比較法雑誌50巻1号（2016年）229頁以下および，本書第2章を参照．

24）Aを殺害しようと，Aの自動車に爆弾を仕掛け，翌朝AではなくAの妻であるBがそれに乗り爆死した場合．Aを狙って外れてBに結果が生じたと考えると方法の錯誤の事例であり，自動車に乗る人を殺害する意図だととらえるとAだと思ったら実はBだったという客体の錯誤の事例である．Wessels/Beulke/Satzger Strafrecht AT, 49. Aufl. 2019, Rn.255.は自動車爆殺事例における客体の特定を『間接的個別化』とし，通常の個別化と峻別する．

25）詳しくは西田・前掲注7）を参照．

26）器物損壊罪の器物のようなものは法定刑が軽く，個性が重要とならないという．

27）しかしながら，器物において，所有者が異なる場合の方法の錯誤では，不可罰になるであろう．

28）ドイツでの共犯の錯誤の事件である．1859年5月5日判決，GA.7，322．詳しくは，拙稿「共謀の射程の判断—行為計画に基づいた故意—」中央大学大学院研究年報法学研究科篇第45号（2016年）203頁以下および本書4章を参照．

Aに対して危険が発生していないならば未遂犯すら成立せず，Xは過失犯の罪責を問われるにすぎないことになってしまうのである．

　さらに具体的符合説の「その客体を侵害しようとして，その客体を侵害した場合にのみ故意が認められる」という基準は不十分であるという批判がある．すなわち，客体を視覚的に認知していないような場合での客体の特定については，(1) 相当因果関係の範囲内における侵害の対象としての特定，(2) 侵害の日時・場所などの状況による特定，(3) 法益主体を基準とする特定，などが考えられ，いずれを基準としても具体的符合説は自己矛盾に陥るという[29]．

　その上，故意の個数に関して，法定的符合説の一故意犯説に対する批判と同じく，たとえばAがいるであろう部屋に爆弾を投げ込んだが，予想外に，BやCもそこにいたという事案の場合に，故意の対象を特定できないという批判もある[30]．

　そして，抽象的事実の錯誤との整合性についても問題がある．具体的符合説が，異なる構成要件間の錯誤の場合には，故意を抽象化し，故意犯を認めるのにもかかわらず，同一構成要件内の錯誤，すなわち方法の錯誤の場合にのみ故意を阻却するのは理論的に一貫性がないと批判されるのである[31]．

　具体的符合説は，構成要件において客体をどの程度具体化すべきかについて，故意の対象に具体的な合致を要求するかぎりで，妥当であるものの，上記のようないくつかの難点が存在するのである．

(3) 修正された具体的符合説の検討

　修正された具体的符合説は，故意の成否を実行行為の段階で判断し，そこでの錯誤の問題とは，生じた結果を故意に帰属できるかという主観的帰属の問題であると考える学説である．つまり，「行為者が認識した行為の

---

29) 井田・前掲注17) 36頁以下.
30) 井田良「具体的事実の錯誤」現代刑事法6号（1999年）95頁.
31) 林・前掲注3) 254頁.

現実的危険が，具体的態様における結果の中で実現したといえるのでなければならない」と考える．たとえばAの爆殺を狙ったものの，実際には爆弾が仕掛けられた車にBが乗って爆死したような自動車爆殺事例で，Bの死亡の結果について故意を認めてよいのは，行為者の認識事情を前提としたならば，A以外の人が被害に遭う結果を到底排除できないからである．行為者がそれだけの事情を認識していれば，行為者による客体特定の有無にかかわらず，発生結果にも実現意思が及んでいたとして重い故意既遂の評価を下してよいとする．逆に，行為者による認識事情からみて，そのような結果発生が排除されている場合は，発生結果について故意が及ばないと考えるのである．たとえば，行為者がAのほかに誰もいないと思っていた広い空き地で，Aに向けて石を投げたところ，これがはずれて，突然現れた子供Bにあたって負傷させたという事例では，過失犯にとどめるべきだとする．本説は，いわば法定的符合説と従来の具体的符合説の中間になる結論を採りうる見解であり，そのメリットは，「具体的事実の錯誤の諸類型のすべてについて統一的な基準を与え得る」ところであるいう[32]．

　本説を主張する井田教授は，具体的符合説による客体特定の基準が明確性を欠くことについて，以下のように批判する．「行為者が『そこにある』と思った客体が必ずそこに・そのような態様および個数で存在するとは限らないのであるから，…行為者が侵害しようとしたその客体についてのみ故意が認められる」とするだけでは解決は不可能である」という．井田教

[32) 「結果を故意行為に帰責するためには，相当因果関係の範囲内で構成要件的に同種の結果が生じたというだけでは足りない．因果関係の錯誤の場合にも，方法の錯誤の場合にも，客観面の事実と主観面の認識を具体的に照らし合わせて，当該の結果を，故意によって生ぜしめられた結果として帰責し得るかどうかを検討しなければならない．法定的符合説の難点は，客観面と主観面の『齟齬の重大性』の判断の必要性を等閑視している点にある…行為の危険が当該の結果の中に実現したと言い得るような関係があってはじめて，故意によって生ぜしめられた結果として帰責することが可能ではないかと考えられる．」とする．これは予見可能性とは別に，行為者が創出した「行為の危険」が結果の中に実現したかどうかをも判断基準とするもので，法定的符合説の導く帰結を限定する限りで，正当なものといえるだろう．井田・前掲注17) 37頁．

授によれば，実行行為性の判断（未遂犯の成否の判断）と，発生した結果についての故意の成否の判断とを区別すべきであり，従来の具体的符合説はそれを看過しているという．しかしながら，相当因果関係以上の密接な具体的符合の関係を要求する具体的符合説はその意味で妥当であり，したがって，故意をどう認めるかの基準をさぐるべきであるとする．

　故意の個数に関しては，修正された具体的符合説にも，行為者としては1個の故意しか持たないのに，複数の客体との関係で故意が認められるという問題が生じるが，「ひとまず複数の故意犯を成立させ，刑を具体的に決める段階（量刑の段階）で1個の故意しかなかったことを考慮し，重すぎる刑にならないよう工夫するほかはないし，それで理論的には問題はない．観念的競合は，違法評価の重複の問題を解決するものである」ので，責任主義には反しないという[33]．

　しかしながら，井田教授が挙げている例で次のようなものがある[34]．「公務執行中の警察官にケガをさせて，1個の行為が公務執行妨害罪と傷害罪にあたるのが，1個の違法要素で2つの犯罪を認め，観念的競合はそれを解決するものである」というが，この場合は公務執行妨害の客体も傷害の客体も同じ警察官であって，等しく規範に直面することができたことが重要である．Aを狙ってAだけでなくBも傷つけた（死なせた）ときは2つの客体が存在するのであるから，2つの規範に直面しなければならず，その上，2種類の犯罪を犯したわけではないので公務執行妨害の例とただちに同じとはいえないだろう．したがって，観念的競合が1個の違法要素で複数の故意犯を認めることを意図しているとは一概に言えず，それゆえ，責任主義に反しない根拠となるものではないと思われる．

33）井田・前掲注30) 96頁.

34）井田良「故意における客体の特定および「個数」の特定に関する一考察（四）」法學研究58巻12号（1985年）68頁．井田説に対する反論として，関根徹「択一的な結果の認識で重畳的な結果を発生させた場合について」法学新報121巻11・12号（2015年）104頁.

2．判例

このように具体的事実の錯誤に関しては種々の主張がなされているが，実務ではどのような取扱いがなされてきたのかについて，方法の錯誤に関する判例および裁判例を取り上げて，検討する．

まず，後の判例において，法定的符合説の判示として引用されることとなった，大判大正15・7・3（刑集5巻395頁）を検討する．これは，口論の末に拳銃で甲を狙って発砲し，隣でこれを制止していた乙に弾丸が当たり，死亡させた事案である．原々審は乙に対する殺人既遂罪を認め，原審は被告人が甲を撃とうとして乙を殺したと認定しつつも，「…打撃の錯誤は甲に対しては未遂を存し，乙に対しては過失罪成立すると見るを適当とす．」としていたが，大審院は「いやしくも人を殺害する意思を以てこれに暴行を加え因って人を殺害したる以上はたとえその殺害の結果が犯人の目的としたる者を異なりしかも犯人において毫も意識せざりし客体の上に生じたるときといえども暴行と殺害の結果との間に因果関係の存すること明らかなる以上は…」とし，殺人既遂罪を認めた．原審と異なり，法定的符合説にたったものと理解できるものである．この判例の後，「…毫も意識せざりし客体…」という部分は幾度も引用されることとなる．

これにつづき，大判昭和8・8・30（刑集12巻1445頁）も法定的符合説を採用している．これは，被告人が叔母を殺害する目的で殺害行為に及んだところ，叔母のみならず，叔母が抱いていた，行為者の認識のない女児まで死亡させた事案である．行為者の認識のなかった女児に対しても殺人罪の成立を肯定している．これもまさに法定的符合説に依拠したものといえよう．先ほどの大判大15・7・3と異なり，（事実認定にいささか疑問が残るが）行為者は視覚的にも認識していなかったのにもかかわらず，故意を認めたことに意義があると思われる．ここから実務において内在的ではあるが，法定的符合説たるものの射程が意識され始めたといえそうである．

そして，かかる射程を検討するにあたり有益な裁判例は，東京高判昭和30・4・19（判タ49号70頁）である．これは，甲を殺す目的で毒酒を送

り，甲の妻である乙が約半年後にこれを飲み，死亡した事案である．「お
よそ殺人の罪は故意に人を殺害するによって成立するものであって，その
被害者の何んであるかは毫もその成立に影響を及ぼすものではないから
…」として，乙に対する殺人既遂罪を認めた．まさに離隔犯の事例である
が，認識していない妻に対する故意を認め，法定的符合説に依拠している
ものといえる．約半年という時間的な空白があるにもかかわらず，裁判所
は故意を認めている．このようにして，裁判実務は，法定的符合説の内実
を膨らませ，確固たるものにしていくのである．

　その後の，新潟地判昭和37・9・24（判タ138号106頁）もまた，客
体を認識していないという点で法定的符合説の射程を広げたと解釈できる
判決である．これは，被告人が自動車で甲を轢き，甲を引きずった状態で
運転し，そのとき甲が背負っていた子供乙をも死なせた事案である．被告
人が甲に対する未必の故意を持っていたことは認められ，認識していな
かった子供乙に対しては未必の故意がないが，証拠により，甲に対する殺
意を抱いたときには子供乙はもちろん生存しており，甲の死亡時期よりも
後に死亡していることから，子供乙に対する殺人既遂罪を認めたのであ
る．大正15年判決の文言等を引用しており，もちろん法定的符合説に依
拠したものと思われる．

　さらに，宇都宮地判昭和40・12・9（判時437号62頁）の，農薬入り
ジュースを路上に複数置き，意図しなかった人物をも死亡させた事案で
は，「しかしながら行為者の執った具体的手段の結果が彼の予見したとこ
ろとは別個の客体の上に発生した場合でもいわゆる打撃の錯誤の問題とし
て被害法益が同価値である限り単純にその所期以外の客体に対する既遂罪
の成立を認めるのが通説，判例である」と判示し，複数の殺人罪と，複数
の殺人予備罪を認めた．このように併発事実にあたる方法の錯誤の場合に
は，両者（複数者）に対して故意があるとされ，いわゆる数故意犯説がと
られている．もっとも，これらの判例及び裁判例と異なった故意の認定を
したものとして，広島地判昭和45・11・17（判タ256号204頁）がある．
これは，拳銃で甲を狙って射殺した際に，その弾丸が甲の身体を貫通し，

通行人乙に命中して負傷させたという事案である．狙った甲に結果が生じているが，過剰の結果が発生した，方法の錯誤の中のいわゆる併発事実の事案であるともいえる．広島地裁は「その存在すら認識していない乙に対して何らかの故意を有していたと認めることは困難といわざるを得ない…」とし，乙に対する未必の故意を否定している．そして，過失傷害もしくは重過失傷害の罪責を負わしめるに足りる資料が十分でないのと，甲についての殺人罪と観念的競合の関係としてこれが起訴されていることから，この点につき特に無罪の言い渡しをしないとしたのである．このような裁判所の態度から，これは一故意犯説を採用したものと理解できるといえる．数故意犯説を採用していた中で，一故意犯説に立脚した判例として非常に興味深いものである．

　このように判断が分かれていた時期に出たのが，最判昭和53・7・28（刑集32巻5号1068頁），いわゆる「鋲撃ち銃事件」である．これは，被告人が警察官Xから銃を奪う目的で，Xに対して鋲撃ち銃を撃ち，鋲をXに当て傷害を負わし，さらにXを貫通した鋲が，30m先の通行人Yにも当たり傷害を負わせたという事案である．最高裁は「犯人が強盗の手段として人を殺害する意思のもとに銃弾を発射して殺害行為に出た結果，犯人の意図した者に対して右側胸部貫通銃創を負わせたほか，犯人の予期しなかった者に対しても腹部貫通銃創を負わせたときは，後者に対する関係でも強盗殺人未遂罪が成立する」とされた．このような予定外の過剰結果が併発した場合，過剰結果との関係では方法の錯誤の理論が適用されることを前提に，殺人罪における故意は「人」の殺害の認識があれば，その結果「人」の死が発生し，その間に因果関係が認められる限りで，方法の錯誤は故意を阻却しないと明確に判示したのである．そして，大判昭和8年を踏襲したものともいえる．本事案は併発事例であり，狙った客体の侵害も実現されているため，特殊なケースだとも言えるが，このような時期に判例が法定的符合説（数故意犯説）を採用したことには一定の意義があ

る[35]．しかしながら，予見可能性については原審で言及されていたことから，予見可能性と未必の故意に関する問題がなお残るともとらえられよう[36]．そしてこの判例以来，長らく方法の錯誤に関する判例は出ず，法定的符合説の数故意犯説が判例・通説とされるようになっていったのである．

　しかしながら，平成に入り，大阪高判平成 14・9・14（判タ 1114 号 293 頁）が，誤想過剰防衛の事案ではあるが，判決の中で方法の錯誤について故意論から判示をしたのである．これは，相手方グループ員から危害を加えられている実兄を助け出して一緒に逃げるために，弟が，正当防衛として暴行の故意をもって，相手方グループ付近に自動車を急後退させて同人らを追い払おうとした際，誤って実兄に車両を衝突させて轢過し死亡させた事案である．「…ところで，原判決は…いわゆる方法の錯誤により誤って太郎を轢過したととらえ，法定的符合説にしたがって兄に対する傷害致死の刑責を問うもののようである…錯誤論の観点から考察しても，…傷害致死の刑責を問うことはできないと解するのが相当である…被告人にとって…兄であり，共に相手方の襲撃から逃げようとしていた味方同士であって，暴行の故意を向けた相手方グループ員とでは構成要件的評価の観点からみて法的に人として同価値であるとはいえず，暴行の故意を向ける相手方グループ員とは正反対の，むしろ相手方グループから救助すべき『人』であるから，自分がこの場合の『人』に含まれないのと同様に，およそ故意の符合を認める根拠に欠けると解するのが相当である．この観点

---

35) 団藤重光は，行為者は「同じ構成要件的評価を受ける事実を表象していたのであるから，行為者が発生した事実についての規範の問題を与えられていた点に変わりはなく，直接的な反規範的人格態度をみとめることができる．」として，昭和 53 年の最高裁判決を根拠づける．団藤重光『刑法綱要総論［改訂版］』（創文社・1979 年）281 頁・注（33）．

36) 鋲撃ち事件の予見可能性について，松宮孝明は「（因果関係の）折衷説の相当性判断は，行為者の認識した事情と行為者の立場におかれた一般人が認識し得た事情を基礎に，相当程度の確率での結果発生が認識可能かどうかを問うものであるから，その実態は，結果の予見可能性とあまり変わらない．つまり，法定的符合説は，同種の構成要件的結果が予見可能な範囲で故意の符合を認める見解だと理解しても，さほど間違っていないのである．」という．松宮孝明『刑法総論講義（第 5 版）』（成文堂・2017）198 頁．

からみても，本件の場合は，…故意犯の成立を認めることはできないというべきである．」と判示し，実兄に対する致死の結果については，誤想防衛の一種であるとして故意責任を認めることはできないとした．

　誤想防衛としながらも錯誤論から論じる部分があるのはやや傍論のように思われるが，原審で検察側が方法の錯誤を主張したのに対して応じているのであって，ある程度の意義はあろう．少なくとも，ここで判例は，法定的符合説のいう「およそ人」ではなく，「故意を向ける相手方の人」と「救出すべき人」は構成要件的評価として別のものであるとしている．「およそ人」よりも，より具体化した認識を求めたものといえ，具体的符合説の考え方に立っているとも言いうる．「人」であるだけではなく，「どの人」かも構成要件において重要であると解しているということができ，その点において具体的符合説の考え方にかなり近似する判決とみることもできよう．もっとも，同判決では，味方と相手方グループ員が「構成要件的評価の観点からみて法的に人として同価値であるとはいえず」と判示されており，「法的に」・「これを本件についてみると」との文言に鑑みれば，法定的符合説を前提とし，同説の規範を本件にあてはめた場合でも，味方と相手グループ員は法的に人として「同価値」でないと判断しているようにも読める点には留意が必要である．

　さらに，同年の，東京高判平成 14・12・25（判タ 1168 号 306 頁）では，法定的符合説を採ってはいるものの，量刑において具体的符合説と同じ帰結にみえるような判示をしたのである[37]．事案は，殺意をもって X に向けて拳銃を発射し，X のほかに Y と Z にも命中させ，X と Y を死亡させ，Z に重傷を負わせたというものである．打撃の錯誤として Y に対する殺人既遂罪と Z に対する殺人未遂罪の成立が認められ，その量刑に当たり，「甲を甲として，乙を乙として認識し，それぞれの殺害を図った事案と同一に評価することができる」という検察官の主張が排斥された．この事案では，方法の錯誤における数故意犯説により，Y に対する殺人既遂

37）法定的符合説の一故意犯説でも同じ量刑判断になりうるであろう．

罪とZに対する殺人未遂罪が成立することがまず認められている．東京高裁はこの点に関しては原審の判断を維持しているが，原審が方法の錯誤による構成を用いて，Xに対する殺害の故意のみをもって，YやZに対する殺害の故意を主張せずに，YとZに対する罪責を認めておきながら，所論においてはY及びZに対する殺害の故意を主張するならばそれは訴因において整合しないといい，「本件は打撃の錯誤の場合であり，いわゆる数故意犯説により，二個の殺人罪と一個の殺人未遂罪の成立が認められるが，Y及びZに対する各殺意を主張して殺人罪及び殺人未遂罪の成立を主張せず，打撃の錯誤の構成による殺人罪及び殺人未遂罪の成立を主張した以上，これらの罪についてその罪名通りの各故意責任を追及することは許されないのではないかと考えられる．したがって，前述のとおり，周囲の参列者に弾丸が命中する可能性が相当にあったのに，これを意に介することなく，Xに対する殺害行為に出たとの点で量刑上考慮するのならともかく，Y及びZに対する各殺意に基づく殺人，同未遂事実が認められることを前提とし，これを量刑上考慮すべきことをいう所論は失当といわなければならない．」とした．この裁判例は，方法の錯誤を認め，その解決に法定的符合説の数故意犯説を明言して採用したものとして価値があることはもちろん，最高裁昭和53年判決ではあまり触れられなかった未必の故意に関して言及したものとしても評価できるといえる．そして，「方法の錯誤によって故意を認めるならば，それを量刑上考慮はできない」としたところが注目される．換言するならば，数故意犯説の立場に立って故意を複数認め，罪数において観念的競合として認定したとしても，そのことを理由に量刑で，刑を重くする方向で故意を複数認定することは許されないとしたことに意義がある．結論として，実務的には，具体的符合説によって解決した場合と同じ量刑になるような取り扱いをしたともいい得る[38]．

---

38) 長井長信は「…このような取扱いが実務においてどれほど一般化しているかは定かではないが，仮に数故意犯説の実態がこのようなものだとすれば，故意の有無というレベルにおいて具体的符合説の解決を拒絶したことの意味がどれほどあったのであろうか…」と述べる．長井長信「事実の錯誤」『刑法の争点［第2版］』(有斐閣，2007年) 63頁．

3. 小括

　以上，方法の錯誤の問題について，学説と判例を概観した．判例においては，法定的符合説を採用した判決が長年続いてきたのであるが，平成14年の2つの裁判例（大阪・東京）を契機として，結論として具体的符合説に立ったと評価できるような実務になってきたと解され得る．大阪高判平成14・9・14では，人に対する故意の具体化が必要だとされ，東京高判平成14・12・25では，法定的符合説に依拠して意図していない客体に対する故意を認めるのならば，量刑上その故意を考慮してはならないとし，少なくとも下級審では従来と違った説示を始めていると思われるのである．

　ここで，東京高判平成14・12・25のように法定的符合説を用いておきながら，なぜ量刑ではその故意を刑を重くする方向で考慮しないのか，そして考慮しないならば，具体的符合説の考え方ではなぜ妥当な解決が図れないのかという根本的な疑問が生じるのである．つまり，法定的符合説が判例の採用する見解であって，その点にもはや争いがないとされてきた状況は再度，検討が必要となろう．そうなると，具体的符合説なのか法定的符合説なのか，もしくは他の見解に依るべきなのか，方法の錯誤に関して，そして故意の本質の検討が求められているのである．筆者は，この問題に答えるためには，具体的符合説，法定的符合説，修正された具体的符合説，のいずれも不十分であると考える．各学説に対する批判は上述した通りであるが，それに加えてさらに法定的符合説以外の各説の問題について述べたい．

　まず，（純粋な）具体的符合説は，器物など，二つの侵害された客体に差異がないような，すなわち個別性がないような場合に関しては，故意を阻却すべきではないと考える．というのも，たとえば，人の花瓶を狙って石を投げ，その花瓶の真右にある別の花瓶に石が当たったような場合は，物質的には異なるが，左の花瓶と右の花瓶に法的な評価としてその法益に差異を与える意味はないといえ，器物損壊の故意を認めるべきである．この点に関しては法定的符合説の，同じ「物」に対する損壊の故意があれば

既遂とするという考え方はこの限りで妥当だといえる．また，具体的「法定」符合説もその点では妥当である．

　しかしながら，たとえば，人の生命のような個別性・具体性かつ，一身専属性が認められる法益に関しては，差異があるといえよう．具体的符合説の言葉を借りることになるが，狙った人は「その人」であり，一般的な意味での「人」ではない．「その人」だからこそ反対動機を形成せずに規範に違反して行為するわけであって，いわゆる「人」だから行為するわけではない．この点に関しては具体的符合説の主張は妥当である．そして大阪高判平成 14・9・4 が述べるように，構成要件において，人の個別性は重要である．そして，修正された具体的符合説のいう危険が実現したかどうかという基準は，危険が実現していれば個別化・具体化が必要なくなってしまうことになる．そして，結論においてほとんどの場合に故意を認めることとなって法定的符合説と大差がなく，支持し得ない．そう考えると，具体的符合説，法定的符合説，修正された具体的符合説いずれにも欠陥があり，採用し得ないと考えられるが，中でも具体的符合説が具体化の程度に関する根本的な部分では妥当であることは上述してきたとおりである．しかしながら，理論的な欠陥なく妥当な解決をもたらすために，具体的符合説，法定的符合説の中間に位置するような視座が日本においては不足しているのである[39]．したがって，方法の錯誤の扱いを検討する素材として，長年，具体的符合説を通説としているドイツにおける議論や判例を参考にする．そして次章では，ドイツにおける議論や判例に対して若干の考察を加えながら方法の錯誤の解決を試みる．

---

[39] 筆者のいう「中間」とは，侵害客体の具体化（個別化）のレベルにおいて，抽象的である法定的符合説と，具体的である具体的符合説という両極端ではない考え方のことを指している．そして，両説の妥当な理論部分（具体—抽象的な認識の要求をする根拠）を使い分けるような考え方が希求されるべきである．

ドイツにおける方法の錯誤の議論

　ドイツでは刑法 16 条にて「構成要件に関する行為事情」を認識することが故意の内容であるとされている[40]．つまり，故意が認められるためには現実に発生した具体的な因果経過を認識する必要があるとされる[41]．しかしながら，我が国では，刑法 38 条 1 項で「罪を犯す意思」と表現され，ドイツのそれとは異なっている．したがって，基盤となる故意の概念が異なっているため，ドイツでの故意・錯誤の議論を直ちに日本に援用することには抵抗がある．しかしながら，ドイツでも同様の学説対立，すなわち法定的符合説と具体的符合説に類似した議論が存在する．同じ図式であるドイツの錯誤と故意についての議論と研究を参照することは日本にとって価値があるといえよう．もちろん，錯誤論の前提となるには，未必の故意がないことが必要であるが，その未必の故意の両国の関係については，ドイツの学説を見たのち，Ⅲ-3 で述べたいと思う．

1.　ドイツの諸学説

　ドイツでは，具体化説（Konkretisierungstheorie）が通説である[42]．有力説としては等価値説（Gleichwertigkeitstheorie）が存在する．その（大枠で言えば）等価値説の中に，いわゆる法定的符合説と同じ考えの形式的等価値説（Formelle Gleichwertigkeitstheorie）と[43]，一身専属的法益

40）StGB § 16（1）「行為遂行時に法定構成要件に属する事情を認識していなかった者は，故意に行為したものではない．過失による遂行を理由とする処罰の可能性はなお残る．」

41）Kindhäuser, Nomos Kommentar zum StGB, 5.Aufl.2017, § 16Rn33.通説は，「実際に当たった行為客体の侵害が，行為者の故意によって包括されていない場合」を因果経過の錯誤として扱う．客体の錯誤との違いは，行為者は，具体的な行為客体に関して，なんら個別性の錯誤の影響下になく，他の行為客体をもって，他の因果経過を予測しているということである．

42）主な主張者として Backmann, Baumann, Weber, Bemmann, Beulke, Blei, Bockelmann, Bottke, Dürre, Ebert, Fischer, Frisch, Gropp, Heinrich, Duttge, Jakobs, Kindhäuser, Schroeder, Schmidhäuser, Schreiber, Toepel が挙げられる．

43）主な主張者として Daleman, Heuchemer, Frister, Kuhlen, Loewenheim が挙げられる．

と一身専属的でない法益とを分けて前者では具体的符合説を用い，後者では法定的符合説を用いるという二段構えの実質的等価値説（Materielle Gleichwertigkeitstheorie）[44]，また，等価値の客体への方法の錯誤が予見可能だったならば既遂とし，予見不可能ならば未遂とするという相当性説（Adäquanztheorie）がある[45]．具体化説は日本の具体的符合説と見なすことができ，等価値説は日本の法定的符合説にあたるといえるが，日本の状況とは逆に，ドイツでは具体化説（≒具体的符合説）が判例・通説といわれている．また，共犯に関しては等価値説を採用している[46]．Welzel は等価値説の立場に立ち，方法の錯誤も因果関係の錯誤の一事例であり，それが一般的な生活の経験の範囲内である限り，因果経過の逸脱は非本質的であるとし[47]，方法の錯誤は故意を阻却しないと主張した．この主張に対しては，方法の錯誤の場合には，行為者が意図していた客体とはまったく異なった客体に結果が生じているのに対し，因果関係の錯誤の場合には，行為者が意図していた客体に行為者の意図通りの結果が生じているため両者には構造的に差異があるといえ，因果関係の錯誤の場合に故意を認めることを理由に，方法の錯誤の場合には故意を認めることはできないと反論できる．また，等価値説が主張するところの，未遂犯処罰規定や過失犯処罰規定がない場合に不可罰になるという批判には，具体化説側から，立法によって未遂犯処罰を創設するなどすればよいという再反論もできよう．まさに我が国と同じ議論がドイツにも存在するのである．これらの学説の帰結を分かりやすく説明するために，Hillenkamp が挙げている判例を基礎とした設例の解決を見ていくことにする．

　「店主 G は 4:30 頃，前妻 L とその新しい恋人 F に店を去るようと言っ

---

44) Hillenkamp が主張している．Die Bedeutung von Vorsatzkonkretisierungen bei abweichenden Tatverlauf, 1971, S.108, 116ff.

45) 主な主張者として Welzel, Zielinski, Geppert, Mitsch, Puppe, Schroth, Rudolphi, Stein, Frank が挙げられる．

46) Rose-Rosahl-Fall．くわしくは，本書 2 章を参照のこと．

47) Hans Welzel, Das Deutsche Strafrecht, 11.Aufl.1969, §13.Der subjective Tatbestand, 3.und5., S.72ff.

た．G は依然として，L との交際について自分に権利があると主張してい
て，憤激していたため，G は自分の車で L と F の後を追い，そののち，F
を車ではね飛ばすために F に狙いを定めた．F が間一髪，わきに飛んでか
わすと，車は L を轢き，死に至らしめてしまった．この場合，G は故意
殺人既遂で処罰されるのか．」[48]

　上記の事例において，形式的等価値説によれば，G は人の殺人を意図
し，そして人を殺したのだから故意殺人の罪責を負う．同様の結論は相当
性説からも導かれる．なぜなら，選択した被害者と同行している者に対す
る致命的な傷害という結果は，G によって支配できない行動を除いた場
合でも，なお，一般的な生活経験の範囲内にあるからである．実質的等価
値説によれば，G にとっては（高度に）一身専属的な法益すなわち身体
が問題となるため，そしてまた，具体化説によれば，G は F に向けての
意思を具体化していたため，殺人未遂でのみ罰せられうる．それと並ん
で，G には，L の殺人に関して過失の責任が問われうる[49]．このように学
説によって結論は異なるが，ドイツでは長らく具体化説が主流であった．
しかし，1981 年に Puppe による具体化説批判に端を発して[50]，方法の錯
誤に関して議論が再燃することとなった．Puppe は方法の錯誤に関して，
通説である具体化説の不十分さと，客体の錯誤との区別の曖昧さを指摘す
る．さらに，行為者が客体を全く把握していないような概括的故意をも故
意と認める以上，故意の要件として特定客体の認識を要求することはでき
ないとする．また，具体化説が客体の錯誤と方法の錯誤の区別の基礎とし
ている「行為者は意欲したものと異なる客体を侵害した」という方法の錯
誤の定義自体が不十分であるという．すなわち，一つの客体には複数の属
性が存在し，それら複数の属性の記述のどこを取り上げるかによって「異
なる客体を侵害した」かどうかが変わってくるというのである．そうする

---

48) Hillenkamp, 32 Probleme aus dem Strafrecht AT, 16.Aufl.2022, S.67ff.
49) Hillenkamp,（o.Fn.48）.
50) Puppe, Zur Revision der Lehre vom konkreten Vorsatz und der Beachtlichkeit der aberratio
　　ictus, GA1981, S.1ff.

と，客体の錯誤と方法の錯誤の区別に際しても，いかなる個別化に着目するかが重要となるのであり，そのような特定の個別化というものは，本来認識を必要としないはずの属性に関わる錯誤に対して，決定的な意味を与えているのだから，「客体の構成要件の外的属性に関する錯誤は故意に影響を与えない」という原則に反しているという．さらに，等価値説の意味において，予見可能な方法の錯誤は故意の成立にとって全く重要ではないということを，故意が認められることに議論のない客体の錯誤との場合の比較から導き出そうとしたのである．我が国でももちろん主張された見解ではあるが，Puppe によれば，客体の個別性については，客体の錯誤も因果関係に関する錯誤であり，それが重要でないとすれば，方法の錯誤も別様には論じられないという．つまり，客体の錯誤と方法の錯誤の区別が，ピストルや弓矢を使ったような典型的事例以外では，たとえば，A が電話によって B を侮辱しようとしたが，C につながってしまったことに気づかずに侮辱をしたというような事例や，妻が兵営にいる夫を毒殺するために毒物が入った酒を郵送したら，夫がそれを同僚に飲ませてその同僚が死亡したというような事例などの離隔犯的事例などでは，抽象的な定義が困難であり，現実には客体の錯誤と方法の錯誤のどちらともいえるような事例が存在し，そのような客体の錯誤と方法の錯誤の構造的な類似から，その法的評価は同一でなくてはならないと主張したのである．

　Puppe は具体化説が持つ不十分さを示したものの，等価値説自体の正当性を強く論証するには至らなかった．その後，その不十分さに対応するため具体化説と等価値説の中間をいく学説が多く展開されるようになった．ここでいう中間説とは，結論や構成が具体化説と等価値説の中間という意味ではなく，具体化説でも等価値説でもないというような（論者自身がそう主張している場合など）位置づけ上そう呼ぶものである．中間説という枠組みで呼ぶのは，具体化説の中から，Puppe からの批判に対して反論するため，また，等価値説の中からも，再反論やその正当性の主張のために，従来の具体化説でも等価値説でもない学説が増えたからである．たとえば具体化説の中で，「故意への結果帰属のための評価基準」は何な

のかということを独自の考えを用いて主張する学説が増えたのである．以下では，その中でも文献において度々取り上げられている主要な学説をとり挙げる．

　Loewenheim は等価値説の立場から次のような例を挙げ，方法の錯誤で故意を否定する具体化説の結論を批判する．すなわち，「いつ爆発するか分からない爆弾を人通りの多い公共の場において，それによって誰か人を爆発させて殺す場合に故意を認めることと，あるいは同じ爆弾を郵便で送って誰かを殺す場合に行為者はその被害者を性質上知ることができないのにもかかわらず，あらゆる被害者に対して正当にも殺人既遂罪として故意を認めることとは同じである．したがって，実際の被害者の種類属性によってのみ行為者の表象がある場合，すなわち方法の錯誤の場合も，同じように故意既遂の結論になる．」という[51]．

　これに対し，Backmann は具体化説の立場を基礎に置き，「方法の錯誤では，現実と故意との一致が被害者の種類属性に限られているのに対し，共通の危険な手段を使用する人通りの爆弾の例では，行為者はまさに被害者を意図した通りの因果経過を通して殺したということが付け加わり，そこが方法の錯誤とそのような事例との決定的な差異である．」という．「意図した通りの因果経過を通して殺したかどうか」という点で，先ほどの二つの例は違うと反論する．具体化説を基本としながらも，Backmann は故意既遂犯成立のためには，行為客体が行為者の意欲した具体的な因果経過をたどって侵害されたことが必要であるとし，それが認められる場合には，因果経過を方向付け，外界を形成する意思としての故意があるとす

---

51) Loewenheim, Error in obiecto und aberratio ictus–OLGNeustadt, JuS 1966, Heft8, S312. しかしながら，Loewenheim は「（StGB16条において）法律は厳密な故意定義を含んでいない．個々の構成要件要素は抽象的に法律に示されるにすぎず，…行為客体の個別化は法律上貫徹されえず，…それゆえ，法律上の文言の必然的な抽象化から，『行為者において構成要件要素を詳細に具体化することは必要ではない』という結論を導き得ないのである」とする．Loewenheim は，等価値説であろうと具体化説であろうと，条文解釈では個別化の問題を乗り越えられず，故意について基準を考えなくてはならないことを明確にした点で優れている．

る[52].

　そして Herzberg は，感覚的な知覚ないし精神的な同一性の表象によって定められた目標にその攻撃が到達したかどうかということ，すなわち「目標達成」(Zielerreichung) の有無を問題とし，また特殊な事例においては例外的な規則も存在することを認める．つまりは，「既遂が最終的に否定されるのは，16条によってではなく，書かれざる評価基準によって根拠づけられる」のであり，その基準とは「行為が，抽象的な構成要件の充足と並んで，外面的・機械的な意味においてその具体的目標に到達していることで足りる」とする．そして目標は知覚され，それとともに精神的同一性の表象が必要であるとするのである．そして，特殊な場合，すなわち目標不到達にもかかわらず既遂になる場合もあるとする．たとえば雪玉をいたずらで通行人に投げて，狙った人とは異なった通行人に雪玉が当たるという事例のように，行為者にとっては，複数の同種の行為客体が同じ程度に目標として適当である場合を挙げている[53].

　このように各学者によって，故意を認める基準が次々と導き出される現状にある．その中でも，等価値説と具体化説を状況によって使い分けることを明言する見解が二つ存在する[54]．Roxin と Hillenkamp である．

(1) Roxin の見解―行為計画説―

　Roxin は客観的帰属論の立場を前提にし，故意の帰属の判断において「行為計画の実現」(Tatplanverwirklichung) の有無を基準とする[55]．そし

---

52) Backmann, Die Rechtsfolgen der aberratio ictus, JuS1971, Heft5, S.115ff.

53) Herzberg, aberratio ictus und error in obiecto, JA1981, S.371f.

54) Wolter も Roxin と近い見解であるが，「危険」に着目する見解である．「計画の危険実現」説では，故意への結果帰属について，前述の Roxin と同じく，客観的帰属論の立場から考える．危険の実現と計画の実現を分けて考え，現実に齟齬している因果経過自体の一般的な客観的帰属可能性と，その齟齬自体の特別の客観的帰属可能性とを区別して考えるとする．Roxin より深く客観的帰属を取り入れた考え方であるが，構成要件を越える客観的帰属の範疇があるとする部分には批判がある．

55) Roxin/Greco, StrafrechtAT I，5.Aufl.2020，§12（B）Rn.165ff.

て，方法の錯誤が故意の帰属を排除しないのは，行為計画上，被害者の同一性が重要でない場合であるとする．かかる Roxin の行為計画説によると，方法の錯誤における結論は，具体化説と等価値説の中間的なものとなろう．しかしながら，結論においては具体化説により近い立場にあるといえる．行為計画というのは，それをやり損なった場合に客観的に評価しても，行為は失敗したものと見なされなければならないほどに，行為者によって選択された行為客体と密接に結びつけられているのである．たとえば，A が自分の息子 C と共に飲食店にいて，そこで喧嘩が起きた際に，仇敵である B を射殺しようとしたが，同人に当たらず，自分の息子の C に当たったという場合には，その行為計画は，A の主観的判断によるのみならず，客観的基準によっても失敗したことになる[56]．このことは，弾が自分の息子 C ではなく，未知の第三者に当たった場合でも同じである．その場合，殺された被害者については確かに危険の実現があり，従って過失致死罪の基礎をなすドイツ刑法 212 条の客観的構成要件の充足がある．しかし，計画の実現が存在しないために，結果を故意犯として行為者に帰属させることはできず，従って，その限りで追求された結果は未遂処罰の契機になりうるにすぎない．かかる解決は具体化説に類似している．

　しかし，たとえば，ある者が騒乱を企てて，任意のデモ参加者を射殺しようとしたが，彼が狙った人とは別の人に当たって死亡させたような場合には，事情が異なる．なぜなら，この場合は，因果関係の逸脱があるにもかかわらず，客観的な判断によれば，（そしてしばしば行為者自身の考えに従ったとしても），なお行為計画の実現（騒乱が達成されたという点において）が存在するからである[57]．また，たとえば，ある少年がいたずらで通行人に雪玉を投げつけたところ，それが狙った通行人には当たらず，その背後を歩いていた別の通行人の顔面に当たった場合でも，同じことが言える．これらの例から，行為計画からみて被害者の同一性が問題となら

---

56)「第三者が判断したとしても」という意味で使われている.

57) 未必の故意がなく，概括的故意ともいえないような場合に限られる. もっともそのような場合は稀有である.

ない場合には，方法の錯誤は故意への帰属を排除しないという一般原則が導き出される．その徴表となりうるのが，行為者が逸脱を予期していたとしても行為していたか否か，という問いに対する答えである．従って，Roxin は，行為計画が具体的な客体を前提とする限りで，具体化説を支持すべきであるが，そうでない場合には，等価値説が適用されるべきであるという．行為計画説によると，次の場合には具体化された故意は重要ではない．すなわち，行為者の行為計画に従えば，被害者の個別性が問題とならず，そして計画に基づいて，行為者にとってどの具体的な被害者が殺されたかということが「客観的にどうでもいい」場合である．しかしながら，それにもかかわらず行為者が，ある被害者に向けて故意を具体化したならば，次のことが検討されなければならない．すなわち，それが実現したかどうか，そしてそれは実現しようとしたことなのかである[58]．

　したがって，方法の錯誤は独立した法形象ではなく，因果関係の逸脱の特別な場合にすぎず，その原則に従って処理されるべきである．つまり Roxin は，方法の錯誤の本質を因果逸脱の一形態として位置づけ，客観的帰属を肯定するが，「行為計画からの逸脱」の基準を用いて主観的帰属を否定するのである[59]．そして行為計画は，行為者によって選択された行為客体と結びつくものであるとする．

　このように Roxin は行為計画という概念を用いて，具体化説と等価値説を使い分けるような解決を提示したのである．筆者は，そのように具体化説と等価値説の欠陥を補完しうる妥当な結論を導くことを可能とする Roxin の見解が妥当であると考える．詳しい検討は 3 の小括で行う．

（2）Hillenkamp の見解―実質的等価値説―

　同じように，具体化説と等価値説の中間を行くような解決を示したのは

---

58) Kühl, AT, 8.Aufl.2017, §13Rn37.
59) Gropp, AT, 4.Aufl.2015, §13Rn76.Gropp は，Roxin について，結論においては非常に納得できるが，直接，客観的帰属の否定に持って行くやり方の方が優先されるべきであろうと述べている．

Hillenkamp である．彼は「実質的等価値説」を主張する．同説によると，侵害客体の個別性がそれぞれの構成要件実現と行為不法にとって無意味である場合には，方法の錯誤は故意の帰属にとって無意味である．このような無意味性は，完全にあるいは主として財産法上の法益を保護するすべての構成要件について生ずるが，これに対して，構成要件が完全にあるいは主として高度に一身的な法益の保護に奉仕する場合には，方法の錯誤は等価値性を排除し，従って故意の帰属も排除される．この学説も，客体の個別性が構成要件的・行為不法的に「無意味」かどうかという判断によって，具体化説と等価値説を使い分けるような解決を提示したのである[60]．

　つまり，方法の錯誤は，（高度に）一身専属的な法益の場合でのみ重要であって，所有物や財産のように譲渡できるようなものの場合には重要ではない．（高度に）一身専属的な法益の場合でのみ，不法の実現が，侵害されたものの個別性に左右されるのであるとするのである．

　このような Hillenkamp の見解に対しては批判も多い．たとえば，Yu — An Hsu はこのように述べる．「等価値性は，形式的な構成要件に鑑みるだけではなく，個々に検討されるものであるということを導き出したのは Hillenkamp の功績である．しかし，個別性に左右される諸法益と個別性に左右されない諸法益において[61]，等価値性の基準は，それでもなお問題をはらんでいる．… Hillenkamp の説をもって一貫した論証をするならば，次に挙げる 2 つの例では双方とも，既遂で処罰するという等しい結果になる．つまり，家の窓を狙って投げた石が逸れて，同じ家の他の窓を粉砕した場合，両方の窓は，個別性には左右されず，行為者は故意行為のゆえに罰せられるべきだろう．また，石の弾道上に急に入り込んできた別の者の車の側面の窓を，家の窓の代わりに損壊した場合も同様である．ここ

---

60) Kindhäuser,（o.Fn.41）Rn35.

61) 専田泰孝は Hillenkamp のいう法益について「個性独立的」という言葉で翻訳する．「具体的事実の錯誤における方法の錯誤（二・完）：具体的符合説の立場から」早稲田法学 76 巻 2 号（1999 年）349 頁以下を参照.

で，双方の事例において，等しい法的評価に達することは，Hillenkamp によって引き合いに出された法的感情によったとしても，誤りであろう[62]．

　また，Roxin は Hillenkamp の実質的等価値説に対して財産法上の法益と，高度に一身的な法益とを厳格に二分することは，あまりに型にはまった態度であると批判する[63]．すなわち，生命や身体といった高度に一身的な法益において，財産法上の法益におけるよりも，行為計画において，より個別化された行為客体を要求する点は正しい．しかし，高度に一身的な法益の場合でも，雪玉をいたずらで投げる例などが示すように，例外的ではあるが，行為客体の個別性が無意味なものとなることがある．また，他方で，物の場合にも，具体的な行為客体が行為計画の成功にとって決定的であることもある．すなわち，A の高価な花瓶を破壊しようとし，その代わりに全く無関係の B の雨傘に当てた者は，器物損壊の未遂にすぎないとすべきであろうという．

　この Roxin からの批判に鑑みると Roxin と Hillenkamp 両者の見解から部分的にだが，次のことが理解できよう．すなわち，たとえば人のような高度に一身的な法益は，たとえば窓のような財産法上の法益よりも，その構成要件や行為不法から考えて，より個別化された行為客体が要求されるものである．行為客体を個別化することは，刑法上の構成要件にとって意味があるということである．Roxin は[64]，「すなわち，通例，客観的な評価においても，行為計画は，行為者によって選ばれた行為客体と非常に結びついているので，行為者の過誤において，所為は失敗したと見なされるべきである…．（もちろん）行為計画によれば被害者の同一性は重要である場合である」と述べる．誤って逸れてしまった場合に，故意の帰属は，そういうわけで，行為者にとって個別化が重大か，そうでないかに左右されるといっているのである．また，Yu-An Hsu からの批判にもあるように，A 所有の物 B を狙って A 所有の物 C に当たる場合は同一所有者

62) Yu-AnHsu, Doppelindividualisierung und Irrtum, 2007, S.86f.
63) Roxin/Greco（o.Fn.55），§12（B）Rn167.
64) Roxin/Greco（o.Fn.63）．

の物に対する侵害として，等価値性を認めうるが，A 所有の物 B を狙って，D 所有の物 E に当たる場合は所有者も異なっており，果たしてその場合にも個別性が無意味であると言い切れるのか疑問が残るように思える．以上のことから，Roxin の行為計画説で考えるのが妥当だと思われる．Hillenkamp によって，個別性の度合いは構成要件ごとに異なり，また異なってしかるべきであることが導かれたのであるが，しかしながら，それだけでは充分でない，そして妥当でないことは上述した通りである．つまり，Roxin が Hillenkamp にした批判から，雪玉いたずら事例のように，一身専属的な法益を保護する構成要件において，行為客体の個別性が無意味となることがあるということが明確になったのである．とはいえ，Roxin のいう行為計画説がおおむね妥当であると考える．

　このように，Roxin と Hillenkamp の見解を検討してきたが，ドイツの判例はどのような立場を採っているのかを若干分析し，さらに検討を深める．

2. 判例

　古くは RGSt 58, 27 において「行為者が意識していなかった侵害を，行為者に故意として帰責することは到底許されることではない」と判示され，ドイツの判例は基本的に具体化説に立ち，故意を阻却してきた．その中で，単独犯であるにもかかわらず，故意を認めたものが 1956 年 5 月 3 日の BGHSt 9, 240（Fangbrief 事例）である．通説および過去の判例に反する判示をした同判例を検討する．

　被告人は，赤色の素材を用いて細工された封筒を，被告人が雇われていた企業の事務室に置いた．その封筒とは，中に金銭が入っており，その封筒を触った者に印がつくという，罠のようなものであった．企業の管理部と警察は，会社において連続している窃盗事件をこの方法によって解決するために，内部告発運動を発足させ，犯人を見つけ出そうとしていたのである．被告人は，支配人 W に封筒を触らせることによって，支配人 W が不当な窃盗容疑で疑われるように仕向けた．しかし，この計画は失敗に

終わった．封筒は W ではなく，秘書 D によって開封され，くず入れに捨てられたのである．そして，細工された封筒によって印である赤い色合いは D の手に現れたので，窃盗容疑は D に向けられた．一裁判所は被告人にドイツ刑法 164 条 1 項に基づいて虚偽告発罪を言い渡した．

　Mitsch は，この Fangbrief 事例について，一般的な打撃の錯誤の問題性に鑑みて，特別な事情からどのような認識が導き出されるのかを問うべきと主張する [65]．つまり，BGH は当該事案を方法の錯誤の事例とは見ず，一般的な因果経過の錯誤と捉えているが，これは方法の錯誤の特殊ケースといえるのではないかという．Mitsch は刑法 164 条の解釈に対し [66]，「…法律の文言によれば，意図のもとで行為者は行動しなければならない，『官庁の手続きを…ihn（彼）に対して開始させ』という文言である．この『ihn（彼）』という文言は，その点で，文章の始めに位置する『einem Anderen（他の者）』という文言へ差し戻す，つまり，虚偽告発の被害者になった人である．（BGHSt9, 240 の事例においては，秘書 D がこれにあたる．）『ihn（彼）』という言葉をもって記述された者は，法律が『他の者』として記述した者と同一であるに違いないのである．そこからわかるのは，行為者が，『他の者』つまり，実際に告発に該当する者に虚偽の嫌疑をかけようとする場合にのみ，行為者は，可罰性を基礎づける意図を持っているということである．」という．つまり，実際に虚偽の嫌疑をかけた客体が『他の者』であれば誰でもいいのではなく，自分が狙った『彼』でなくてはならない．すなわち，この事例は，狙った客体ではない客体に虚偽の嫌疑をかけてしまった方法の錯誤の事例と見るべきであることを論証したのである．

　一方で，Hillenkamp は，同判決に対し次のように述べる．BGH は，

---

65) Mitsch, Überindividuelle Rechtsgüter und aberratio ictus, FS für Puppe, 2011, S.733f.
66) StGB164（虚偽告発）① 「他の者に対し，官庁の手続き又は官庁のその他の措置を開始させ，または継続させる目的で，確定的な認識があるのにもかかわらず，官庁に対して，若しくは告発の受理を管轄する公務担当者若しくは軍隊の上官に対して，又は，公然と，他の者について違法な行為又は職務義務違反の嫌疑をかけた者は，5 年以下の自由刑又は罰金に処する」．

164 条の法益である「司法」は，誰が標的であるかに左右されることなく侵害されると認定した．このような結論から Hillenkamp は，個別性に左右されない諸法益の侵害は，行為者の表象に左右されずに決定されるはずであると読み取る．保護された犯罪の個別性に左右されない諸法益が問題となる場合，等価値性が存在する．等価値の客体においては，方法の錯誤の場合，行為者に，実際に命中する客体との心的な関係が欠けているにもかかわらず，それは，一般的にその客体についての表象がまったく存在しないということを意味しない．というのも具体的な表象は常に客体がその種類に属していることの自覚を含んでいるからである．このような精神的な連関は Hillenkamp によって「共同意識の属性表象」と呼ばれる．さらに，Hillenkamp は BGH の決定から，個別性に左右される諸法益において等価値性は排除されるという帰結を導き出したのである．このようにドイツの学説・判例には説得的な見解・視点を見いだせよう．

3.　小括

　我が国における未必の故意の考え方は，Roxin の行為計画説と親和性がある．Roxin は計画の失敗，つまりは異なる客体に結果が発生することを計画の構成要素としているときは，「その限りで，意欲していたといえ…起こりうると自ら認識した構成要件の実現を計算に入れ，計画を思いとどまることなく，その構成要件を実現する者は，当該構成要件によって保護されている法益を侵害しようという決意を…それを回避したいという希望に反しているとしても…意識的にしているのである」という [67]．これは判例の考えにも合致するうえに，ドイツにおいて支配的である是認説とも近い考え方といえる．そして，我が国における未必の故意の通説である認容説と近いともいえる．繰り返しになるが，錯誤論の議論をするためには，まず未必の故意がないことを証明しなければならない．未必の故意があるならば，異なった客体にも故意が及び，錯誤論の出番はないからであ

67）Roxin/Greco（o.Fn.55），§12（A）Rn23.

る.

　そう考えると，ドイツから錯誤論の見解を援用する際に確認すべき前提
条件は，未必の故意の内実と射程が我が国と同じか，それとも異なるのか
ということである．この点，ドイツにおける未必の故意の議論は，後述の
通り，我が国の議論に近似し（本書6章参照），また判例の結論も近いと
いえ，Roxin の考え方も抵抗なく受け入れることができるといえる．つま
り，ドイツの錯誤論を援用する前提条件は満たされているように思われ
る．したがって，我が国内には存在しない，Roxin の見解や Hillenkamp
の見解を採ることも可能である．筆者は，Roxin の行為計画説が，基本的
に妥当であると思われる．なぜなら，故意とは犯罪事実の認識・認容であ
ると考えるならば，その犯罪事実の認識・認容に行為計画が含まれ，行為
者の意欲は行為計画を基礎にして発生しているといえ，したがって，故意
論の裏返しと呼ばれる錯誤論においても，行為計画は故意の基礎に置かれ
るべきであると思われるからである．そして，我が国において，Roxin の
行為計画説を基礎とした考え方を用いることで方法の錯誤の妥当な解決を
図ることができるというのが筆者の見解である．次章では，行為計画説に
よる解決策を提示して検討していくことにする．

Ⅳ 修正された行為計画説

1. Roxin の行為計画説とその修正可能性

　まず，Roxin の行為計画説にも修正すべき部分がある．Roxin の行為計
画説が妥当であることは前述の通りである．しかしながら，他方で，
Roxin の行為計画説では，物の場合に，同一の所有者に対する方法の錯
誤の場合も，行為者の行為計画によっては，故意を帰属させない場合が生
じる可能性があることには賛同し得ない．

　たとえば，A 所有の家のガスの配管を壊してガスを充満させようという
計画で，行為者が，間違って A 所有の家の水道管を壊してしまったよう

な場合，行為計画は失敗している．この場合，器物損壊の未遂と，器物損壊の過失が問題となり，我が国の現行法では不可罰となってしまう．器物損壊のような未遂処罰規定を欠く犯罪の場合には，Roxin の行為計画説によると不可罰となってしまうという問題があるのである．

　したがって，筆者はこう考える．基本的に Roxin の行為計画説に立ちつつ，Hillenkamp の実質的等価値説がいう非一身専属的な法益を個別化する無意味性を部分的に鑑み，同様に，法益主体が同一であれば包括一罪となるので故意を阻却しないとする具体的法定符合説からも着想を得ることとする．上述の事例では，同じ A という人物の所有する物であることを理由に，行為計画による個別性を重視せず，器物損壊の既遂にすべきであると考えるべきである．つまり，行為計画に鑑みながらも，同一所有者の物に対する方法の錯誤の場合に，等価値判断を容れるべきだと思われる．個別性が重視されない器物損壊の場合のみを修正することで，妥当な結論をもたらしうると筆者は考えている．それを筆者は，「修正された行為計画説」と呼ぶ．修正の射程については，器物損壊罪を念頭に置いているが，財産犯一般にもあたると思われる[68]．もっとも，行為計画の実現という，結果の実現の有無で故意を判断するという意味ではなく，次項および 3 章で述べるように，客体の個別化が計画によって「具体的」か「抽象的」かが判断され，その具体性の程度に応じた実際の認識を行為者が有していたか否かで故意が判断されることとなる．

2.　修正された行為計画説の射程

　次の事例の解決において，修正された行為計画説の存在意義はいっそう明確に現れる．行為者が，A が演説する予定の（演説予定の）壇上に爆弾を仕掛けたが，実際には A ではなく B が演説に来て，B が爆死した事例である[69]．修正された行為計画説によれば，行為者の計画が【演説者を爆

68）人格的法益に対しては，一身専属的な法益である限り，射程は及ばないと考える．詳しい修正の射程については別稿に期したい．
69）Kindhäuser/Zimmermann, AT, 10.Aufl.2020, §27Rn52.Kindhäuser はこの設例を方法の錯

殺すること】を目的とする場合（集会を台無しにするため），爆死したの
が A であろうが B であろうが，要求されるのは「演説者」という程度の
具体化であるため計画の実現はあり，故意を阻却せず殺人既遂罪とする．
また，行為者が選挙において自分の陣営を有利にするために，【対立候補
者を爆殺すること】を目的にしていた際に，対立候補者 A ではなく，自
分の陣営の候補者 B が壇上に上がって爆死したときは，要求されるのは
A という具体化の程度であるため，行為計画は失敗しており，故意を阻
却することになる．このように，行為者が殺人を手段化しており，客体が
誰であるかの個別化が行為者にとって重要ではない場合にはその他の客体
に対する故意を帰属させる一方で，「この人」を殺さなくてはならないと
いう具体的な個別化をしている場合には，その他の客体に対する故意は帰
属させ得ない．このように修正された行為計画説は，要求される具体化の
程度を行為計画から定めることで，まさに法定的符合説の欠点と具体的符
合説の欠点を補完しうる結論を導くことができるのである．

　さらに，このような事例の解決以外に，この修正された行為計画説に
よってもたらされる利益を論じる．まず，「故意を認める範囲が狭くなり
すぎて，器物損壊などの場合で，実務に適合しないということ」について
は，この修正された行為計画説で解決されたといえる．器物損壊の場合で
所有者が異なるときの方法の錯誤に関しては，不可罰になるほかないとい
える [70]．また，「予想外の客体にも結果が生じた場合で，客体の数が多い場
合に故意の対象を特定できないということ」については，行為者が A を
殺す計画で A の部屋に爆弾を投げ込んだ場合に，たまたまその場にいた
B と C をも死なせるというような事案で，A については行為計画が成功
していて，B と C に対して計画はなかったのであるから，A に対する殺
人既遂罪と，B と C に対する過失致死罪の成立にとどまることになろう．
すなわち，B と C に対する故意はないとすべきである．そして，「抽象的

　　誤ではなく，単なる「重要でない客体の錯誤」と位置づける．
70) 今後の検討課題であるが，本章では割愛する．

事実の錯誤，つまり異なる構成要件間の錯誤の場合に，故意を抽象化し，故意犯を認めるのにもかかわらず，同一構成要件内の錯誤，すなわち方法の錯誤の場合にのみ故意を阻却するのは理論的に一貫性がないということ」については，行為者の計画が成功したかどうかによって故意があるかないかを判断すればよいのであって，抽象的事実の錯誤の場合でも修正された行為計画説による論理は一貫している[71]．たとえば，覚せい剤と麻薬，とりわけコカインについての意識が我が国で問題となるが，行為者の計画が（本当にコカインを使用したいという理由で）「コカイン」を所持する（という程度の具体性が要求される）計画であるならば，行為者がコカインではなく覚せい剤を所持していた場合に，計画は失敗しているといえる．したがって覚せい剤所持の故意はなく，麻薬所持の故意のみあるといえる．したがって麻薬所持の限度で，故意犯が成立することになり，これは結論において判例と同旨である[72]．あるいは，行為者の計画が，（販売することで儲けを得るため）「ヤク＝（自分の気分を高揚してくれる，社会的には禁じられている薬物という程度の具体性）」を所持するというものであるならば，行為者がコカインではなく覚せい剤を所持していた場合に，行為者がコカインという名称だと思っていても，その認識内容が上述の「ヤク」であるというものであれば，覚せい剤所持の故意が認められよう[73]．このようにして，行為者の計画に着目すれば，抽象的事実の錯誤の場合に，故意を抽象化して故意を認めるという批判も避けることが可能ではないかと思われる．

　これらは，「計画の実現」という「結果」を基準にしているように見えるが，行為時において，「計画」における客体の個別化が具体的であるか

71）重い罪の故意で軽い罪の結果を生じさえた場合は，重い罪の未遂が成立する可能性があるので，まずは重い罪の実行行為性があるかどうかを判断し，未遂がないことを確認してから抽象的事実の錯誤の議論に移行することに注意したい．
72）最判昭和61・6・9（刑集40巻4号269頁）は，刑の軽重に関わりなく，両構成要件の重なり合う限度で故意犯を認める．
73）意味の認識の問題が関係するため，本章では解決の示唆にとどめることにする．

抽象的であるかを判断し，具体的な客体を想定した計画の場合は，具体的符合説の論理が採用され，抽象的な客体が想定される場合には，法定的符合説の論理が採用されることとなる．詳しい理論的な検討は，3 章以下を参照されたい．本章では，方法の錯誤の文脈において，修正された行為計画説の機能および試論を紹介するにとどめる．

第2章

方法の錯誤と客体の錯誤の区別
─離隔犯を中心に─

Ⅰ　はじめに

　行為者の認識した事実と現実に発生した事実とが同一の構成要件内において食い違う場合を具体的事実の錯誤という．とりわけ，客体の錯誤，すなわち，Ａの殺害を意図して，Ａであると思った人物に向けて銃弾を発射し命中させたが，Ａだと思った人物は実は別人のＢであったというような場合については，法定的符合説も具体的符合説も人違いであったＢに対する殺人の故意を肯定する点で結論に相違はない．判例においても，大判大 11・2・4（刑集 1 巻 32 頁）は客体の錯誤において故意を阻却しないとし，これは学説上も支持されている[1]．方法の錯誤，すなわち，Ａの殺害を意図して，Ａに向けて銃弾を発射し命中させたが，弾が外れてＢに命中したという場合については，古くから法定的符合説が通説とされ，いわゆる数故意犯説が採られてきた[2]．しかしながら，近年，具体的符合説に依拠したとも思われる下級審裁判例も見受けられ，再度，方法の錯誤の議論が必要となっていると考えられる[3]．仮に具体的符合説に依拠するならば[4]，同説に対しては決定的な批判が存するのであり，これを乗り越えなければならない[5]．すなわち，同説に依れば，故意の阻却について結論を異にする客体の錯誤と方法の錯誤の区別が実質上困難であるとの批判

---

1)　大谷實『刑法講義総論・第三版』（成文堂, 2011 年）353 頁，川端博『刑法総論講義・第二版』（成文堂，2006 年）263 頁.

2)　一故意犯説を採ったとものとして，広島地判昭和 45・11・17（判タ 256 号 204 頁）がある.

3)　大阪高判平成 14・9・14（判タ 1114 号 293 頁）および東京高判平成 14・12・25（判タ 1168 号 306 頁）．詳しい検討については，拙稿「同一構成要件間における方法の錯誤の取り扱い―修正された行為計画説の立場から―」中央大学大学院研究年報第 43 号法学研究科篇 238 頁以下（2014 年）および本書第 1 章を参照のこと.

4)　具体的符合説は，構成要件的符合を問題とするので，その意味で具体的法定符合説（または保護法益主体符合説）と呼ぶ論者も多い．西田典之「共犯の錯誤について」『団藤重光博士古稀祝賀論文集第 3 巻』（有斐閣，1984 年）97 頁.

5)　井田良は，どのような説に立っても故意の個数を犯罪の成否の場面で考慮することは困難をもたらすといい，故意の個数の問題は量刑の場面で解決すべきという．井田良「故意における客体の特定および『個数』の特定に関する一考察（一）」法学研究 58 巻 9 号（1985 年）37 頁.

である[6].

　本章は，客体の錯誤と方法の錯誤を明確に区別する思考方法を検討することに主眼を置くものである．両者が明確に区別され得るならば，具体的符合説に対する決定的な批判も消え去るはずだからである．また，法定的符合説の立場においても，かかる区別は重要である．確かに，法定的符合説においては，客体の錯誤と方法の錯誤の事案について，両事案にともに行為者に故意を認めるのであるから，事案の分類がいかなるものであっても，結論に影響しないといえる．しかしながら，法定的符合説の立場においても，方法の錯誤の場合には，故意についての検討が要求されることになり，客体の錯誤の事案とは検討の内容が異なることになる．したがって，かかる区別によって検討・認定する内容が変化するという点においては，法定的符合説の立場にとっても，かかる区別は重要といえよう．しかしながら，かかる区別の基準を検討するに際して，客体の高度な具体化を要求する具体的符合説や，抽象化を要求する法定的符合説の論拠を用いてしまうのは故意・錯誤論の議論の先取りとなってしまう．というのも，かかる区別を論じる段階は，体系論上，構成要件的故意よりも前であるからである．客観的構成要件要素を論じた後に，錯誤の状況（区別）を述べ，この点につき行為者に故意が存するかを構成要件的故意（主観的構成要件要素）において検討するのである．

　したがって，主観的構成要件要素の段階に移る前に論ずべき客体の錯誤と方法の錯誤の区別は，主観的構成要件要素についての錯誤論における立場とは関係なく，「客観的に」なされるべきである．かかる区別がなされた後に，主観的構成要件要素の検討において登場するのが錯誤論であるからである[7].　それゆえ，本章では，かかる区別を検討するにあたり，具体

6)　これに対し，山口厚は，「方法の錯誤と客体の錯誤は，錯誤事実上の分類であり，また区別が明確になしえない場合があるからといっても，具体的法定符合説の規範的基準の妥当性が揺らぐわけではない.」とする．山口厚『刑法総論［第3版］』（有斐閣，2016年）226頁.
7)　まず客観的な錯誤の状況整理をしたのちに錯誤における故意の問題に入るべきと指摘するものとして，Hruschka, Über Schwierigkeiten mit dem beweis des Vorsatzes, FS für Theodor

的符合説なるもの（≒具体化説）が通説とされているドイツの議論，とりわけ近年かかる区別の問題に，錯誤論の立場とは関係なく意欲的に取り組んでいる Hoyer 及び Wolter の見解を参照するが，それは区別が困難とされる古典的四事例を解き明かす方法論を得るためである．

Ⅱ 客体の錯誤と方法の錯誤

　ドイツでは，具体化説（Konkretisierungstheorie）が通説である[8]．有力説としては等価値説（Gleichwertigkeitstheorie）が存在する．その等価値説の中に，いわゆる法定的符合説と同じ見解である形式的等価値説（formelle Gleichwertigkeitstheorie）と[9]，一身専属的法益と非一身専属的法益とを分けて前者では具体的符合説を用い，後者では法定的符合説を用いるという二段構えの実質的等価値説（materielle Gleichwertigkeitstheorie）[10]，また，等価値の客体への方法の錯誤が予見可能だったならば既遂とし，予見不可能ならば未遂とするという相当性説（Adäquanztheorie）がある[11]．具体化説は日本の具体的符合説と見なすことができ，等価値説は日本の法定的符合説にあたるといえる．そして，ドイツにおいても，方法の錯誤（aberratio ictus, Fehlgehen der Tat）と客体の錯誤（error in persona, Irrtum über das Handlungspbjekt）とを区別するのは困難であるとの批判が我が国同様に存在する[12]．

　　Kleinknecht, 1985, S.191.
8)　Kindhäuser, NK-StGB⁵, 2017, §16 Rn. 33.
9)　Kuhlen, Die Unterscheidung von vorsatzausschließendem und nicht vorsatzausschließendem Irrtum, 1987, S. 479 ff.
10)　Hillenkamp, Die Bedeutung von Vorsatzkonkretisierungen bei abweichenden Tatverlauf, 1971, S. 108, 116ff.
11)　Puppe, in: NK-StGB⁵, 2017, §16 Rn. 93.
12)　BGHSt 11, 268; Lubig, Die Auswirkungen von Personenverwechslungen auf übrige Tatbeteiligte-Zur Abgrenzung von Motiv-und Tatbestandsirrtümern, Jura 2006, S. 655.

　ドイツでは，故意が認められるためには現実に発生した具体的な因果経
過を認識する必要があるとされている[13]．Backmann は故意既遂犯成立の
ためには，行為客体が行為者の意欲した具体的な因果経過をたどって侵害
されたことが必要であるとし，それが認められる場合には，因果経過を方
向付け，外界を形成する意思としての故意があるとする[14]．また，方法の
錯誤においては，種のメルクマール（Gattungsmerkmale）の表象だけで
は，故意にとって十分ではないとされている[15]．ただし，行為者の認識に
おいて，構成要件的に重要な「種」に関する錯誤がある場合は，かかる錯
誤は重要であり，故意を阻却するものとなる[16]．しかしながら，たとえば
Yu-An Hsu は，StGB 212 条（故殺罪）における構成要件要素の文言，
すなわち『一人の（ein)』，『人（Mensch)』に鑑みて，果たして方法の
錯誤と客体の錯誤との間に法的な差異が存在するのか，という疑問を投じ
ており[17]，方法の錯誤と客体の錯誤の区別のみならず，その法的効果の差
異についても議論があるところである．

1．Wolter 及び Hoyer の見解

　Wolter は，通説である具体化説の立場に依拠しつつ[18]，客体の錯誤と方
法の錯誤の区別に関して，「刑法上の行為として評価されない段階におい
て誤り（Verfehlen）が発生し，その誤りが終了する（継続しない）のか．
あるいは，誤りが行為者にとって，所為の実行段階において初めて紛れ込
むのか否かによって方法の錯誤と客体の錯誤を区別する」という[19]．

　これに対し，Hoyer は，「客体の錯誤における因果経過は，予備の段階

13）Kindhäuser, (o.Fn.8.)．通説は，「実際に当たった行為客体の侵害が，行為者の故意によって包
　　括されていない場合」を因果経過の錯誤として扱う．
14）Backmann, Die Rechtsfolgen der aberratio ictus, JuS 1971, Heft5, S.115ff.
15）Jescheck, AT3, 1978, S.249ff.
16）Böse, GA 2010, 249ff.
17）Yu-An Hsu, Doppelindividualisierung und Irrtum, 2007, S.27.
18）Wolter, in: FS für Leferenz, 1983, S.552.
19）Wolter In: Schünemann, Grundfragen des modernen Strafrechtssystems, 1984, S.128.

において逸脱するのではなく，方法の錯誤の場合と全く同様に，実行の段階において初めて逸脱するのである．たとえば，行為者Ｔが，ドアを開けたあと即座にＡを撃つために，Ａ宅の玄関のベルを鳴らしたが，その際，ドアは，Ａの命令によりＡの知り合いであるＢによって開けられた場合，行為者Ｔは，薄明かりの中で，ＢとＡを採り間違えて，殺したとしよう．因果経過は実行段階（玄関のベルを鳴らした後）において初めて逸脱しているのにもかかわらず，既にして，このような場合には疑問の余地なく解決される事例として重要でない客体の錯誤が認定されるべきである．そうであるならば，その際，このような「客体の錯誤の限界事例」においては，逸脱の時点についての見解は有効ではないという[20]．

　Wolterの見解によれば，客体の写真や情報を取り間違えた行為者がその客体に発砲をし，狙った客体に命中はしたものの，人違いであった場合は，誤りの発生時点は殺人罪の予備行為以前のため，客体の錯誤にあたる．これに対して，Hoyerの挙げるドア事例においては，誤りの発生時点は発砲する直前ないしその瞬間であるため，Wolterの基準を単純にそのまま当てはめれば，方法の錯誤にあたることになる．しかしながら，通説はこれを客体の錯誤と考えるであろう．したがって，Wolterの基準では，客体の錯誤と方法の錯誤を明確には区別できないのである．その上で，HoyerおよびWolterは，感覚的知覚（sinnliche Wahrnehmung）と精神的表象（geistige Vorstellung）いう概念で両者の区別を図ろうと試みる．精神的表象とは，内心において客体を特定する際の行為者の表象のことであり，感覚的知覚は，行為時に客体を特定・具体化・個別化する際に機能する知覚のことである．方法の錯誤の状況とは異なり，行為者は，上述のドア事例のような客体の錯誤において，少なくとも，行為者によって視覚という感覚的知覚によって具体化された被害者を計画に即して侵害することに成功しているのである．したがって，同様に，感覚的知覚の基

---

20) Andreas Hoyer, Die aberratio ictus als Sonder-und Extreamfall der Kausalabweichung, FS für Wolter zum 70, 2013, S. 423.

準によれば，行為者は，ドア事例において，「正しい」，つまり，自身の感覚的知覚のおかげで具体化された被害者に命中させており，行為者の行為計画は（その限りでは）成功しているのである[21]．行為計画に従ってこの目標が達成されたか否かが，感覚的に知覚された客体と，精神的に表象された客体（行為者の想定に従って）が同一であることに左右されるのならば，両客体に実際に人物（人格）において差異がある場合に，行為者の計画は，その限りでは失敗に終わっているのである[22]．このように，一方では，部分的な計画の失敗が認定され，概して重要でない客体の錯誤が認定される[23]．その際，他方では，部分的な行為計画の実現が認定されて，感覚的に知覚された者に対する成功の結果によって，故意既遂犯が充足されることになる．それどころか，このことは，以下のことから独立して妥当しているのである．すなわち，実際に認定されうる個人的・感覚的に知覚された客体と精神的に同一化された客体がバラバラになってしまうことが行為者にとってあるいは客観的な観察者にとっても事前観点から見て予見可能であったかあるいは全く不相応な因果経過の結果が形成されたか否かということである[24]．

　感覚的に知覚され，不幸にも代わりに当たってしまった他の被害者への誤りは，専ら方法の錯誤を基礎づける一方で，被害者の人に関する精神的な表象のみのあらゆる誤りは，単なる客体の錯誤として重要でないままなのである[25]．Hoyer は，感覚的知覚の基準に鑑みながらも，方法の錯誤は，行為者によって行われた客体の個別化の全てが完全な失敗（逸脱）で

21）Hoyer，(o.Fn.20)，S.423.

22）Wolter と同様に Roxin は「故意について客観的帰属論の立場から，『行為計画の実現』（Tatplanverwirklichung）の有無を基準とする．そして，方法の錯誤が故意の帰属を排除しないのは，行為計画上，被害者の同一性が重要でない場合である」という．Roxin/Greco, AT I ⁵, 2020, §12（B）Rn. 165ff.

23）誤って逸れてしまった場合，故意の帰属は，行為者にとって個別化が重大か否かに左右されるという．Roxin, Gedanken zum "Dolus Generalis", FS für Wurtenberger, 1977, S.116ff.

24）Hoyer，(o.Fn.20)，S.423.

25）Prittwitz, GA 1983, S.110, 128.

あるとし，これに対し，部分的な失敗が紛れ込んだにすぎない客体の錯誤は，客体の個別化に際し用いられた全ての基準の総量に鑑みて，確かに全てではないもの少なくともその個別化の一部は計画通りに機能している場合であるという[26]．Hoyerのこの検討方法によれば，前述のドア事例の場合，感覚的知覚による客体の個別化は失敗している（AとBを取り間違えた）ものの，銃弾の因果経過は個別化した計画通りであるので，個別化は全て失敗したわけではなく，一部は成功していることから，確かに，この場合を客体の錯誤であると導ける．しかしながら，仮にドア事例において，行為者が暗闇でAだと思い狙って撃ったところ，その客体（実際はBであるが）には当たらず，隣にいた者に当たり，その者が実はAであった場合には，かかる検討方法では妥当な結論を導き得ないと思われる．すなわち，行為者は感覚的知覚による客体の個別化は失敗して（AとBを取り間違えた）おり，さらに銃弾の因果経過も個別化した計画通りではないのであるから，この事案は方法の錯誤とも考えられ得るし，また，精神的表象により特定された客体はAであるから，精神的表象による客体の個別化は成功していると考えるならば，客体の錯誤となるのである．この事案においてHoyerは，精神的表象による個別化は問題とならないと判断する[27]．なぜなら，Hoyerは客体の個別化にとって十分な基準を個々の状況において設定し，このような事案の場合，客体の個別化を感覚的知覚のみによってなされていると考えるからである．しかしながら，個々の事案によって用いられる基準が変動することによって，統一的・明確な判断がなされ得るかは疑問であり，後述する古典的四事例を統一的に説明できないという難点が看取されるのである[28]．

26）Hoyer, (o.Fn.20) , S.429. 客体の個別化にとって十分な基準（ein zur Opferindividuation hinreichendes Kriterium）を検討する際には感覚的知覚による客体の特定という観点も考慮するという.

27）Hoyer, (o.Fn.20) , S.427.

28）近年Erbも，客体の錯誤と方法の錯誤の差異を論じるにあたり，共犯の錯誤のみ別形態であると述べる. Erb, Zur Unterscheidung der aberratio ictus vom error in persona, 2013, Frisch-FS, S. 401.

2. 考察

Hoyer, Wolter の両者の見解を検討すれば，客体の錯誤と方法の錯誤の区別については，①いつの時点に錯誤が存在し，②その錯誤はいかなる内容のものか，という二つの問題に対し，それぞれ答えることは困難であることが看取される．しかしながら，この2つの問題は，それぞれ別の段階の問題ではなく，同時に同一次元に存在する問題であると考えれば，解決が可能であると思われる．しかしながら，この解決の試論を行うに先立っては，客体の錯誤と方法の錯誤の区別を論じる際の用語法ないし定義が問題となる[29]．というのも，客体の錯誤・方法の錯誤はともに，文言の説明上，「意図していなかった客体に結果が生じた」と言い得るからである．この説明では両者の区別が図れないと考えられる．また，「狙った」「意図した」「特定した」「個別化した」「具体化した」というこれらの，客体を修飾する言葉は論者によって異なる語義で用いられており，統一化は困難であると思われる．したがって，従来の説明とは離れた視点に立ち，客体の錯誤と方法の錯誤の（文言上の）定義づけが必要であるといえよう．

客体の錯誤の多くの場合，感覚的知覚で具体化した客体に結果が発生しているものの，結果が発生したその客体は行為者の精神的表象が目的としているものではないのである．Erb も，客体の錯誤は感覚的知覚による客体の個別化がなされており，内心において重要でない動機の錯誤（unbeachtlicher Motivirrtum）が存する場合であるという[30]．したがって，当時の行為者の精神的表象と感覚的知覚によって個別化された客体と実際に発生した結果と齟齬がある場合が方法の錯誤といえる[31]．Herzberg

---

29) Freund も客体の錯誤と方法の錯誤の区別においては，言葉の定義づけが必要であると説いている．Freund, Das Spezifikum der vollendeten Vorsatztat, 2010, S.225.

30) Erb, (o.Fn.28.), S. 396.

31) Schlehofer は，客体の錯誤と方法の錯誤の区別に際して，行為者が客体を感覚的知覚によって具体化したか否かは原則的には重要でないという．Schlehofer, Vorsatz und Tatabweichung, 1996, S. 174.しかしながら，これは妥当ではない．Erb も，感覚的知覚という言葉には広義と狭義の意味の2種類が存するといい，客体の錯誤と方法の錯誤いずれにおいても感覚的知覚による特定はなされていると述べる．Erb, (o.Fn.28.), S.397.

も，両者の区別においては，感覚的な知覚ないし精神的な同一性の表象によって定められた目標にその攻撃が到達したかどうかということ，すなわち「目標達成」(Zielerreichung) の有無を問題としている [32]．ただし，離隔犯のように，実行行為時に感覚的知覚を伴わない犯罪類型の場合をどのように考えるかが問題となる．

　そもそも，「客体の錯誤」と「方法の錯誤」の事案は，どちらも，行為者の精神的表象において特定した客体には結果が生じていないのである．したがって，その限りでは，精神的表象と結果との間の錯誤は両事案に共通しているのである．その上で，かかる錯誤のみが存する場合を客体の錯誤とし，かかる錯誤に加えて因果経過の逸脱が存する場合を方法の錯誤と考えるべきである．言語上も，「方法（打撃）の錯誤」という文言内の「方法（打撃）」とは，結果発生の手段・方法となる因果経過を指すものであり，因果経過の逸脱が存する場合を方法の錯誤と解することに文言上，支障はないと思われる．

　したがって，この限りでは，全てに「誤り」が存する場合を方法の錯誤，一部に「誤り」が含まれる場合を客体の錯誤とした Hoyer の見解は正当である．すなわち，方法の錯誤においては，精神的表象により特定された客体と実際の結果との間に錯誤（＝誤り）があり，また，感覚的知覚によって特定された客体と実際の結果との間（＝因果経過）にも錯誤（＝誤り）が存するから，全てに「誤り」があるといえる．客体の錯誤においては，精神的表象により特定された客体と実際の結果との間に錯誤（＝誤り）があるものの，感覚的知覚によって特定された客体と実際の結果との間（＝因果経過）に錯誤（＝誤り）は存せず，したがって，一部に「誤り」が含まれる場合といえるのである（図 1 参照）．

---

32) Herzberg, aberratio ictus und error in obiecto, JA 1981, S.371f.

図 1　出典：筆者作成

精神的表象により 特定された客体	×	感覚的知覚により 特定された客体	○	客体の錯誤（一部に「誤り」）
精神的表象により 特定された客体	×	感覚的知覚により 特定された客体	×	方法の錯誤（全てに「誤り」）

　感覚的知覚による客体の特定は，実行行為時に行われるものである．行為者は実行行為時に自身が創出する危険を向ける先（＝客体）を感覚的知覚によって特定している．

　また，犯罪において，その行為態様によっては，実行行為の時点よりも前に客体の特定がなされている場合もあると思われる．たとえば，行為者が殺意を持ってミサイルを用いて遙か遠くの客体を爆撃しようと考え，爆撃する対象の座標を前日に入力し，翌日頃合いを見計らって爆撃のボタンを押すような事案が考えられる．この際に行為者は，爆撃という殺人罪の実行行為である「ボタンを押す」という時点ではなく，それよりも前の時点である「座標を入力する」時に客体の特定を行っているのである．つまり，座標入力時の客体の特定を，ボタンを押す際に以前の客体の特定を維持しているとも考えられる．なぜなら，ボタンを押すという実行行為時において行為者は，何らかの新たな行為を伴った客体の特定をなしていないからである．過去の自分の行為（座標入力）によって，実行行為（ボタンを押す）時の客体の特定をなしているのである．換言するならば，感覚的知覚による客体の特定は，実行行為時に客体を特定することを指すが，ある種の犯罪においては，最後になした（感覚的知覚を伴わない）客体の特定が実行行為時まで維持されている場合もあるということである．

　したがって，離隔犯のように，実行行為時に感覚的知覚による客体の特定が存せず，未遂犯成立時よりも前に客体の特定をなすような場合には，感覚的知覚によって特定された客体とは，行為者によって最後に特定され

た客体と解されるべきである[33]．したがって，Hoyer の見解（図 1）において「感覚的知覚により特定された客体」の部分を「最後に特定された客体」と解すべきである（図 2 参照）．

図 2　出典：筆者作成

精神的表象により特定された客体	×	最後に特定された客体	○	客体の錯誤（一部に「誤り」）
精神的表象により特定された客体	×	最後に特定された客体	×	方法の錯誤（全てに「誤り」）

　離隔犯の一部の犯罪類型においては，実行行為時に「感覚的知覚」を用いていないことから，実行行為時より前に行った「危険の向く先を定める際の客体の最後の特定」が重要となる[34]．したがって，行為者の精神的表象により特定された客体に結果が生じていないことを前提として，その上で，方法の錯誤と客体の錯誤との区別においては，「危険の向く先を定める際の，最後に特定された客体」と「実際に結果が生じた客体」が同一か否かを判断することになる．

　このように解すれば，「意図しなかった」等の誤解を生む文言を用いることなく，両者の定義が容易に可能となり，客体の錯誤と方法の錯誤の区別が困難であるとされる事例においても，その区別を明確に成すことができると思われる．次章では，上述の古典的な四事例において，両者の区別を試みる．

---

33) 最後に客体を特定する際に，当該客体の認識が行為者に反対動機を強く設定するからである．Schmidhäuser, AT. Studienbuch, 1982, 7/54 f. も反対動機を「価値提訴（Wertanruf)」とし，同主旨を述べる．
34) 山中敬一「具体的事実の錯誤・因果関係の錯誤」中山研一他編『刑法理論の探求—中刑法理論の検討』（成文堂，1992年）203，205頁は，自らの危険行為の向けられる客体が故意の客体であるとされ，方法の錯誤と客体の錯誤の区別について，行為者が設定した危険行為の設定方向に着目する．

古典的な四事例の検討

　上述Ⅱにおいて得られた基準を前提とし，古典的な以下の4事例について検討する[35]．これらの，客体を目の前にしない離隔犯（Distanzdelikte）は，遠隔作用事例（Fernwirkungsfall）とも呼ばれ，その中には共犯の錯誤も含まれている[36]．まずは，事例の概略を以下に記したい．

①行為者が電話によってAを侮辱しようと思い，架電したが，電話がBにつながってしまったことに気づかずに，Bに対して侮辱をした．〔電話事例〕（Telefonier-Fall）[37]ないしは電話侮辱事例（Telefonbeleidigerfall）[38]と呼ばれる．その際，行為者が相手の声による客体の具体化をする前に，実行行為となる脅迫ないし侮辱をする場合である．

②行為者がAを殺害しようとAが乗る自動車に爆弾を仕掛け，翌朝AではなくB（Aの妻）がその自動車に乗り爆死した．〔自動車爆殺事例〕（Bombenlegerfall）[39]

③行為者がAを殺す意図で，Aに対して毒酒を送ったが，Aではなく，予想に反して，来る予定がなかった突然の客人Bがそれを飲み死亡した．〔毒酒発送事例〕（Vergifteter Whisky-Fall）[40]

35）Janiszewskiは，客体の錯誤と方法の錯誤の区別が困難である事例をこの4つに分類し，検討すべきであるとする．Janiszewski, Problematik der aberration ictus, MDR 1985, S.538. また，我が国においては，清水晴生「近年のドイツにおける客体の錯誤と方法の錯誤とを巡る議論の展開について（一）」東北大学法学66巻4号（2002年）422頁以下および同「近年のドイツにおける客体の錯誤と方法の錯誤とを巡る議論の展開について（二・完）」同66巻5号（2002年）519頁以下が古典的四事例を含む事例群を網羅的に詳細に検討している．

36）Puppe, Aberratio ictus und dolus alternativus, HRRS 2008 Nr. 949.

37）Grotendiek, Strafbarkeit des Täters in Fällen der aberratio ictus und des error in personas, 2000, S.106f

38）Schroeder, LK-Kommentar StGB12, 2019, §16 Rn. 13.

39）Blei, Strafrecht AT18, S.123. は，車を窃盗犯が盗んで爆発する事例を想定し，その場合でも，行為者に死の結果に対する故意が帰属されるとしている．

40）Kudlich, JA 2009, S.185.

④行為者が手下のXに，Aを殺すよう命じたが，後日，犯行現場におい
てXはAだと思って発砲したところ，弾に当たって死亡したのはAで
はなくBであった．〔Rose-Rosahl-Fall〕[41]

　これらの事例について，客体の錯誤を，「危険の向く先を定める際の，
最後に特定された客体」と「実際に結果が生じた客体」が同一である場合
と定義し，同一でない場合を方法の錯誤と定義した上で，以下において事
例毎に両者の区別を試みることとしたい．

1.〔電話侮辱事例〕(Telefonbeleidigerfall)

　これは，行為者が電話によってAを侮辱しようとしたが，電話がBに
つながってしまったことに気づかずに侮辱をしたという事例である．この
電話侮辱事例については，実行の着手時期を判断することによる区別が可
能であるとの主張がなされている[42]．電話侮辱における実行の着手を，電
話を架けるときと捉えれば方法の錯誤となり，侮辱の言葉を発するときと
捉えれば客体の錯誤となるというものである[43]．そして，侮辱の言葉を伝
える時点において行為者は，電話に出た者を侮辱行為の客体として捉え侮
辱行為を行っているのであるから，このような場合は客体の錯誤となると
いう[44]．侮辱罪の現実的危険性が発生するのは，電話がつながり，行為者
が言葉を発する瞬間であると考えれば，実行行為は侮辱の言葉を発すると
きと考えられる[45]．

---

41) Toepel, Die Perspektive des Hintermannnes, das Blutbadargument und die versuchte
　　Anstiftung, JA 1997, S.344ff.
42) 中義勝「方法（または打撃）の錯誤について」関西大学法学論集32巻6号（1983年）15頁は，
　　電話のダイヤルを回す行為は予備行為であるとし，脅迫の言葉を伝えるときに実行の着手があ
　　るという．
43) 小島透「具体的符合説における客体の特定について―方法の錯誤と客体の錯誤の区別を中心と
　　して―」香川法学29巻1号（2009年）6頁.
44) 専田泰孝「具体的事実の錯誤における攻撃客体の特定と故意の範囲1具体的符合説の立場から」
　　早稲田法学74巻4号（1999年）518頁.
45) Hoyer, (o.Fn.20), S.428は，実行の着手時期とは関係なく，行為者が電話に相手が答える前に

　この事案をさらに細分化して検討すると，そもそも行為者が電話番号を間違えて入力して電話が B 宅につながり，B が電話に出た場合（以下，ケース①という）と，行為者は正確に電話番号を入力し，A 宅に電話がつながったが，電話に出た人物が B であった場合（ケース②）が存すると思われる．まずケース①であるが，電話のコール音が終わり，受話器が持ち上げられた音を聞き，人がいることを聴覚によって認識するのが感覚的知覚による客体の特定である．そして，危険の向く先を定める際の，最後に特定された客体は，事実的客観的に見て B である．そして，実際に結果が生じた客体は B である．したがって，「危険の向く先を定める際の，最後に特定された客体」と「実際に結果が生じた客体」は同一であるので，客体の錯誤となる．

　次にケース②であるが，行為者は実行行為である電話をかける行為の時点において正確に番号を入力しているものの [46]，危険の向く先を定める際の，最後に特定された客体は，事実的客観的に見て B である．そして，実際に結果が生じた客体は B である．したがって，「危険の向く先を定める際の，最後に特定された客体」と「実際に結果が生じた客体」は同一であるので，客体の錯誤となる．

　また，B が電話に出る際に返事や何らかの返答をしていたとしても同じ結論となる [47]．なぜなら，その時点において行為者は改めて声を聞くという聴覚によって新しく感覚的知覚による客体の特定をしているにすぎない

　侮辱をしたかどうかが区別にとって重要であるという．

46) BayObLG JZ1986, 911 が類似の事案である．これは，行為者は自身の（元）彼女に侮辱する電話を掛けたが，電話に出た女性の声で彼女本人であると誤解し，侮辱の文言を発したところ，実際は彼女の妹であったという事案であった．裁判所は通話相手の同一性の錯誤であるから，客体の錯誤であるとした．

47) Schroeder, (o.Fn.38), Rn.13 は，電話口で行為者が会話の最初に挨拶を聞き取った否かで客体の錯誤になるか否かが変わるという．

からである[48]. それゆえ, これも客体の錯誤といえる[49].

2.〔自動車爆殺事例〕(Bombenlegerfall)

A を殺害しようと, A が乗る自動車に爆弾を仕掛け, 翌朝 A ではなく
B (A の妻) がそれに乗り爆死したという事例である[50].

かかる事例についてはドイツにおいて様々な見解が主張されている. た
とえば Herzberg は, 同事例において, 行為者の感覚的知覚による客体の
具体化は欠如しているものの, 精神的表象による具体化はなされているこ
とから, 精神的表象と実際の結果との錯誤を方法の錯誤であると考え
る[51]. また, Prittwitz は, 行為者の感覚的知覚によって客体の具体化がな
されていないことから, 同事例を客体の錯誤という[52]. また Toepel は,
行為者が「その時間に自動車に乗る人」という客体の具体化をする場合
と,「過去にその車に何度も乗っていた人」という客体の具体化をする場
合を分けて, 前者においては客体の錯誤が, 後者においては方法の錯誤が
存在するという[53]. 同事例の特殊性について, Wessels は, このような客
体の特定を『間接的個別化 (具体化)』と呼び, 通常の個別化とは別のも
のと考えている[54].「客体を目視する具体化・特定」を直接的な具体化,
「客体を目視することのない具体化・特定」を間接的な具体化としている

---

48) 小島・前掲注 (43) は, 相手の声は電話回線を通じた電気信号であるから, 直接的な知覚とは
いえず, 間接的な知覚にとどまるという. 確かに間接的な知覚ではあるものの, それは「間接
的な」感覚的知覚であることには変わりがないと思われる. Erb, (o.Fn.30.), S.397 も直接的・
間接的を包括する感覚的知覚の概念が存するという.

49) Grotendiek, (o.Fn.37), S.106f. も, 返事の声を聞くという感覚的知覚による客体の特定によっ
て, 客体の錯誤になるという.

50) BGH NStZ1998, 294 をベースにした設例である. BGH は, 視覚的知覚を欠くものの, 車両を
介して間接的に被害者を個別化しており, このことは視覚的に客体を知覚した場合と同じであ
ると述べている. 詳しくは, Jakobs, Strafrecht AT2, 1993, 8/81.

51) Herzberg, (o.Fn.32), S.472f.

52) Prittwitz, Zur Diskrepanz zwischen Tatgeschehen und Tätervorstellung, GA 1983, S.119f.

53) Toepel, Vorüberlegungen, Beachtlichkeit der aberratio ictus beim Einzeltäter, JA 1996, S.891ff.

54) Wessels/Beulke/Satzger AT, 49. Aufl. 2019, Rn.255.

のである[55]．しかしながら，たとえば，Ａの自宅に爆弾を仕掛け，Ａの殺害を目論む行為者が，家の中にＡが入るのを目視し，爆弾のスイッチを起動したが，実際にはＡはすぐ裏口から出て，入れ替わりにＢが家に入り，爆死した場合，目視しているのにもかかわらず，同様に客体の錯誤と方法の錯誤の区別の問題が生じるであろう．したがって，「目視」しているか否かを分けた上で客体の具体化・特定を論じる実質的な利益は乏しいと思われる．

　ところで，この事例が客体の錯誤であるとする論者の主張の根底には，「行為者は爆弾を仕掛けた自動車に乗る人物を殺そうとしている」という仮定がある[56]．しかしながら，行為者はＡを殺そうと思って爆弾をしかけているのであって，「自動車に乗る人物を殺そう」という抽象的な認識を有しているわけではない．このように客観的に見える事情をも故意に含めて考えるのだとすれば，従来の銃を用いた事例においても，行為者には「この銃の弾が当たった人物を殺す」という故意が認定されなければならず，それは妥当でない．行為者の認識・予見を基に方法の錯誤と客体の錯誤を区別する見解によれば[57]，爆弾設置時点において行為者に爆弾設置の認識と自動車に乗るはずのＡの爆死の予見とがあり，Ａ以外の者の爆死の予見はないのであるから，実際に生じたＡ以外の者の爆死は故意に包摂されておらず，方法の錯誤とすべきであるという[58]．しかしながら，前

55）Stratenwerth, Objektsirrtum und Tatbeteiligung, FS für Jürgen Baumann, 1992, S.61.

56）曽根威彦「方法の錯誤」同『刑法の重要問題（総論補訂版）』（成文堂，1996年）171頁は，行為の客体への作用時点を基準に，車のエンジンをかけるのがＡだと考えていたらＢであったとし，客体の錯誤と捉えている．

57）浅田和茂「教唆犯と具体的事実の錯誤」『西原春夫先生古稀祝賀論文集第2巻』（成文堂，1998年）428頁

58）Hoyer, (o.Fn.20), S.428は，自動車（原文では原付自転車）に乗るのがＡではなく，（法定の）車の所有者の場合は客体の錯誤であり，（全く関係のない）第三者に結果が発生する場合とは別であるという．しかしながら，車の所有者と第三者はともに広義では第三者であり，両者の立場に差異はないと思われる．ただし，関係のない第三者に結果が発生する場合よりも，車の法定の所有者が当該車に乗る予見可能性の認識が認められやすくなるという事情は存すると考えられる．この点，仮に犬が車に乗った場合は，およそ車に犬は乗らないであろうから，結果との間に因果関係がないと考えられる．また行為者が客観的に犬を認識していた場合は，「客体と

述のように，方法の錯誤と客体の錯誤の区別に際し，客体の具体化の程度につき異なる要求をする具体的符合説や法定的符合説の論拠を用いてはならないのである．これらの学説の対立も，錯誤論の先取りになってしまっていると思われる．このように考えれば，自動車爆殺事例のような，実行行為時に行為者が客体を認識し得ないような離隔犯の事案においては，（未遂犯成立時よりも前の）危険の向く先を定める際に最後に特定された客体が，実行行為時まで行為者によって維持されていることになると思われる．したがって，自動車に爆弾を設置する際の，危険の向く先を定める最後に特定された客体（事実的客観的に見てその車がAの物であるがゆえに）はAである．そして，実際に結果が生じた客体はBである．「危険の向く先を定める際の，最後に特定された客体」と「実際に結果が生じた客体」は同一ではないので，方法の錯誤となる．

　また，別の視点から見ると，方法の錯誤は，行為者によって最後に特定された客体への行為（＝危険源）が，特定されていなかった別の客体に当たる（結果を生じさせる）ことによって生じる．つまり，行為者によって最後に特定された客体へと向かう危険源とそれとは別の客体との因果的距離が縮まり，点として重なった状態が方法の錯誤なのである[59]．

　本事例では，行為者によって特定された客体への危険源（すなわち自動車への爆弾設置）は移動せず，そこにAではなく，Bが移動して来るわけである．客体が動かないことと，危険源が動かないことに本質的な差異はなく，方法の錯誤にとって重要なのは，行為者によって最後に特定された客体へ向かう危険源と別の客体との因果的な距離が，縮まって，最終的に点として重なるか否かである．したがって，この自動車爆破事例においては，行為者が設置した爆弾（＝危険源）と実際に結果が生じた客体（＝B）の行為―客体間の因果経過の距離は縮まり，重なって点になっている

して犬を特定した」ことにはなり得ない．犬が当該車に乗ることはなく，因果的連関がないため，当該危険を向ける先にはならないからである．

[59]　中・前掲注（42）22頁もこの状況を方法の錯誤であると位置づけ，「因果的なやり損ない」という．

のであるから，この事例は方法の錯誤としてとらえるべきであろう．

　状況を客観的に判断する段階において，車に乗る人物を殺すという認識の抽象化をするのではなく，方法の錯誤の状況であると認定した上で，錯誤論として法定的符合説を持ち出して解決すればよいのである．このことは，具体的符合説についても同様である．

3. 〔毒酒発送事例〕(Vergifteter Whisky-fall)

　電話侮辱事例の検討と同様に，行為者によって意図された住所に毒酒が届いたかどうかを考える必要がある．行為者が記入した住所は正確であったが，配達人がB宅へ誤送し，Bが毒酒を飲んだ場合（ケース①），住所も配達も正確であったが，A本人ではなく突然やってきた友人Bが毒酒を飲んだ場合（ケース②）に分けられよう [60]．また，実行の着手時点は，結果発生の現実的危険性が生じる時であるので，毒酒が到着した時であるとする [61]．

　まず，ケース①であるが，宅配便の住所を記入し送る際の行為者によって最後に特定された人物（事実的客観的に見てその住所がAの自宅であるがゆえに）はAである．そして，実際に結果が生じた客体はBである．「危険の向く先を定める際の，最後に特定された客体」と「実際に結果が生じた客体」は同一ではないので，これは方法の錯誤といえる．

　ケース②も，ケース①と同様の解決になりそうであるが，毒酒送付事例では，家に毒酒が届いて客体が受け取った瞬間にはまだ結果発生行為すなわち飲酒は始まらず，少なからず時間が経過した後で，客体自身の行為によって，結果発生行為が開始されるのである．つまり，毒酒送付事例では，他の事例に比べ，行為者がその因果経過を支配できる程度が異なっている [62]．毒酒送付事例では，行為者がおよそ支配し得ないであろう，客体

60）東京高判昭和30・4・19（判夕49号70頁）は，甲を殺す目的で毒酒を送り，甲の妻である乙が約半年後にこれを飲み，死亡した事案につき乙に対する殺人既遂罪が認めている．

61）これに対して，実行の着手を発送時と捉える見解として，中・前掲注（42）23頁脚注19.

62）中森喜彦「錯誤論2―構成要件的錯誤」法学教室107号（1989年）51頁は，結果発生までの経

自身の行為が介在し，ほぼ自由な因果経過を辿るわけである．そのように
考えると，毒酒送付事例では全体の因果経過の支配可能性は，他のものと
比べ，格段に低いと言わざるを得ない[63]．したがって，このことを特別視
し，例外的解決を試みる見解も存在する[64]．しかし，他人が飲む可能性の
認識が問われやすく，それゆえ未必の故意にあたるような予見可能性の認
識が他の事例より認められやすくなるという傾向はあると思われるもの
の，そのような予見可能性の認識がない場合までを一律に例外視し扱う必
要があるかは疑問である[65]．

　したがって，上述の自動車爆殺事例における考察はここでも妥当すると
考えられる．すなわち，行為者はAに毒酒を飲ませる意図で毒酒を送っ
たわけであり，決して「かかる住所に当時存在する人に毒酒を送って飲ま
せる」意図を有していたのではない，このように故意を抽象的に捉えては
ならないのである．Puppeは，毒酒発送のような離隔犯は矢や銃の事例
とは異なると述べ，行為者と被害者が面と向かって対置しておらず，客体
を視覚的に認識できないような場合，離隔犯として，この食い違いは重要
でない客体の錯誤と見なすべきであるとする[66]．しかし，それは妥当では
ない．たとえば行為者が照準器のついたライフル銃でAを狙っていて，
Aを撃つ場合に，行為者とAとの間に，見えていなかった全く関係のな
いBが走り込んで来て弾に当たることもある．つまり，行為者によって

　路が長く，意図通りのコントロールが困難な危険を設定する場合であると定義し，その危険の
　実現として生じた結果につき故意犯の成立を認める．
63) 小島・前掲注 (43) は，因果経過を行為者により制御可能な行為の部分と制御の及ばない予測
　の部分に分ける．その上で，故意とは因果経過を制御することができる行為の部分に対する認
　識であるとする．
64) Schroeder, (o.Fn.47.)，§16Rn.13は，行為者が客体を直接狙わずに技術的手段を介在させる場
　合には被害者の同一性は故意において考慮されなくなるといい，毒酒郵送事例を客体の錯誤と
　する．
65) 葛原力三「打撃の錯誤と客体の錯誤の区別（「具体的符合説の再検討」二・完）関西大学法学論
　集36巻2号（1986年）95頁も，そのような処理は未必の故意の擬制に堕するものであると批判
　する．
66) Puppe, Zur Revision der Lehre vom konkreten Vorsatz und der Beachtlichkeit der aberratio
　ictus, GA 1981, S.4ff.

予定された因果経過の終着地（客体）に因果経過が至る前に別の意図していない客体に結果が生じることもあるわけである．毒酒送付事例においては，ある住所に住んでいるＡを殺そうと思い，Ａの自宅に対し毒酒を送り，それが配達され，Ａが受け取り，飲むという因果経過がある．予定された因果経過の終着地である客体はＡであるが，Ａが飲む前に，同宅にいた友人Ｂが勝手に開けて飲む場合，上述のライフルの例において走り込んで来たＢと同様に，因果経過の途中で意図しない客体に結果が生じるわけである．その意味おいては，離隔犯においても典型的な銃の事例においても同一の状況が発生し得るのである．行為者がＡを直接視覚的に認識しているか否かは重要ではないのである．

　ケース②も，宅配便の住所を記入し送る際の，行為者によって最後に特定された人物（事実的客観的に見てその住所がＡの自宅であるがゆえに）はＡである．そして，実際に結果が生じた客体はＢである．「危険の向く先を定める際の，最後に特定された客体」と「実際に結果が生じた客体」は同一ではないので，これも方法の錯誤といえる．

4.〔ローゼロザール事例〕(Rose-Rosahl-Fall)

　ローゼロザール事件〔GA Bd. 7,332〕[67) は教唆犯が問題になった事案である．判例が基礎となる事例であるので，この検討に先立ち，実際の事件，そして第二次ローゼロザール事件と呼ばれる判例も併せて事案の概要及び判例の評価を概観する．

　これは，材木商であるRosahlが自身の使用人であるRoseに対して，金銭供与の約束の上「一定の時間に森の中を通る大工職人Schliebeを殺すように」と教唆したが，Roseは，実際にたまたま森の中をその時間に通りかかったHarnischをSchliebeだと思って射殺してしたという事案である．プロイセン最高法院は，「教唆者の可罰性は……依頼した被教唆

---

67) Toepel, Die Perspektive des Hintermannnes, das Blutbadargument und die versuchte Anstiftung, JA 1997, S.344ff.

者の行為に左右される．ただし，被教唆者が教唆された以上のことないし
は別のことをなした場合，これらの過剰は教唆者には帰属されないのであ
る．しかしながら，本件のように，雇われた被教唆者である金儲けを目論
む殺し屋が教唆者の委託を満足させるために行為した際に錯誤によって人
違いをした場合には，かかる過剰は存しないのである．……謀殺の教唆と
現実になされた質的に同一である行為との間には因果的な連鎖が存在す
る．教唆者は被教唆者（正犯者）の人違いによって目的を達してはいない
ものの，この錯誤は法的に重要ではないのである.」と判示し，教唆は正
犯行為に従属するから，正犯者にとって留意されない客体の錯誤について
は，教唆者の可罰性に影響せず，教唆者の教唆行為の結果として被教唆者
が行為の決意をしたときにすでに教唆行為は終了しているので，教唆者の
故意は，後の実行行為に及ぶ必要はないとして，Rosahl に謀殺既遂罪の
教唆犯を言い渡したのである．通説である具体化説に立つと，Rose は客
体を取り間違えているため，客体の錯誤によって Rose の故意は阻却され
ず謀殺既遂罪に，Rosahl にとっては，意図した客体とは違う客体に結果
が生じているので，方法の錯誤として故意は阻却されることになると考え
られるところ，判決においては故意が認められたのである．元来，プロイ
セン最高法院は，正犯者の客体の錯誤の場合，教唆者も客体の錯誤として
扱うという論理をとっており[68]，新規性は乏しいものの，等価値説の可能
性を見いだせる判例としてなお批判や引用は多い[69]．等価値説からの基礎
づけとは別に[70]，独自のアプローチで判決を支持する者も見受けられた．
たとえば，Berner は，行為者が機械的な道具（ピストルなど）を用いて
犯罪を犯す場合，仮にその道具に欠陥はあって本来意図された結果とは別
の結果が生じたとしても，行為者は当該結果に対する責任を負うのと同様

---

68) 近年における解説として，Jan Dehne-Niemann/Yannic Weber, JA 2009, S.373.
69) Günter Bemmann, Zum Fall Rose-Rosahl, MDR, 1958, S.817ff.
70) Rosahl は一人の人を殺すよう命じ，Rose は人違いではあるものの，一人の人を殺しており，
　　その結果はRosahl の意思と合致するという，等価値説的な主張をなすものとして，Frank,
　　Kommentar, 1931, Bem. III, 4d nach §48 StGB. など.

に，背後者（教唆者）が他人を自分の道具と同様に用いて犯罪を犯す際に
も，この道具となった者が陥った予期できない不運から生じた結果に対す
る責任を負うのであるという[71]．また，Loewenheim は，被教唆者の錯誤
は教唆者にとって方法の錯誤であるとしつつも，かかる錯誤は新たな決意
によって生じたものではなく，したがって，共犯の過剰は存在せず，この
方法の錯誤は重要ではなくなるのであるという[72]．また，類似する事案で
ある第二次ローゼロザール事件（BGH, 25.10.1990 - 4 StR 371/90）も同
様に議論を呼んだ[73]．同事件の結論には反対する論者もいるものの[74]，かか
る結論を基礎づける根拠については多様に主張されている[75]．Cramer は，
正犯者が人違いのリスクを負って，客体の錯誤において故意が阻却されな
いのと同様に，正犯者を動機付けることによって構成要件結果を生ぜしめ
る教唆者も，人違いのリスクを負うべきであるとする[76]．また，Wolter は
「計画された犯行事実からの逸脱」により錯誤の重要性を判断する[77]．ま
た，Streng は，具体化説のいう方法の錯誤の理論を異なる類型の事案に
適用すると困難が生じると述べる[78]．これらの評価・学説からは，その大
多数がローゼロザール事案を方法の錯誤の例外，あるいは例外的である共
犯の錯誤と位置づけていることが看取されうる[79]．

　かかる事案も，教唆者が，X に対して「15 時に森の中のこの道を通る
人物が A である．これが A の写真だ．彼を殺せ」というように，被教唆
者に対し日時・場所を指定し，客体の特徴まで伝えている場合（ケース

71）Berner, Grundsatze des Preussischen Strafrechts, 1861, S.31.

72）Loewenheim, Error in objecto und aberratio ictus, JuS1966, Heft8, S.312.

73）BGHSt 37, 214; MDR 1991, 169.

74）Roxin in LK 12, 2019, § 26 Rdn. 26.

75）本判例に詳しいものとして，井田良「被教唆者の客体の錯誤と教唆者の故意―ドイツ連邦裁判
所1990 年10 月25 日判決をめぐって―」法学研究65 巻12 号（1992 年）43 頁.

76）Cramer in Schönke/Schröder, StGB 30. Aufl., 2019,Vorbem. §§ 25 ff. Rdn. 47

77）Wolter,（o.Fn.19）, 103,123 f.

78）Streng JR 1987, 431, 433. 具体的にはBGHSt9, 240を挙げている．BGHSt9, 240については,
拙稿・前掲注（3）を参照のこと.

79）Lackner/Kühl, StGB, 29. Aufl., 2018,§26 Rn.6f.

①）と，教唆者が，X に対して「15 時に森の中のこの道を通る人物を殺せ」というように，日時・場所を指定しているが，特に A という名前や性質，外見を伝えていない場合（ケース②）に分けられ得る[80]．ケース①において，教唆者は X に具体的な客体である A という情報と，具体的な日時・場所を指定して伝えている．そして，手下の X を森に潜ませて，そこに来る A を狙うというのは，まさに離隔犯といえ，そして手下 X を行為者の武器としてとらえれば，まさに自動車爆殺事例・毒酒発送事例と同様の状況が存在するのである．教唆者の（最後となる）実行行為時（被教唆者に A の指示を出した際）に特定された人物（事実的客観的に見て被教唆者が指示された客体は A であるがゆえに）は A である．被教唆者は人間ではあるものの，教唆者と客体との間では彼は「道具」と見なすべきである．この状況においては，たとえば無人爆撃機に爆撃場所の座標を入力するのと同様に，行為者が道具である X に対し日時・場所を指定し，客体の特徴まで伝えることが，教唆者の最後の客体の特定なのである[81]．その後，武器である X がどのように認識をしたか，改めて客体を特定したかということは，X 自身の罪責・客体の特定の問題であり，教唆者と客体との間においては捨象される事情なのである[82]．したがって，実際に結果が発生した人物が B であるから，「危険の向く先を定める際の，最後に特定された客体」と「実際に結果が生じた客体」は同一ではないといえ，方法の錯誤となる．

　次にケース②であるが，仮に教唆者本人が A しかそこを通らないと内心思っていたとしても，自己の道具である X に，A たる特徴を伝えず，

80）同様の場合分けをするものとして，Cramer, (o.Fn.76), Rn.59. また，Stratenwerth は，被教唆者に対し攻撃客体の特定のための指示をどれだけ細かく，あるいは粗く伝えるかによって，正犯者に結果を帰属できるか否かが変わるといい，具体的な指示をし，客体の取り違えの蓋然性が低いような場合は方法の錯誤になるという．Stratenwerth, (o.Fn.55.), S.65.

81）Freund は，これを行為計画によるプログラム化（programmieren）という．Freund, (o.Fn.29.), S.229.

82）Karl Lackner, StGB19, S. 92, Rn.13 も，被教唆者にいかなる錯誤が生じるかは，正犯者と別の次元の問題であるとする．

「その場所を通る人」と伝えたならば，すでに客体が抽象化された状態で指示を出していることになる．このような指示のもとで X が動くということを行為者は認識して手段として X を使っているのであるから，その指示通り，もちろん A ではなく B であったのだが，森を「通る人」を X が殺している．つまり，行為者によって最後に特定された人物は「(A を含む) その場所をその時間に通る人」である．そして，実際に B (その場所をその時間に通った人) に結果が発生したのである．したがって，「危険の向く先を定める際の，最後に特定された客体」と「実際に結果が生じた客体」は同一であるので，これは客体の錯誤となる．また，見方によっては何の錯誤も発生していないともいえよう．なぜなら，X は頼まれたとおりに「森を通る人」を殺したからである．このように解すれば，ローゼロザール事例においても，方法の錯誤と客体の錯誤を区別することが可能となるのである．

Ⅳ　おわりに

　本稿は，客体の錯誤と方法の錯誤を明確に区別する思考方法を検討してきた．Hoyer および Wolter は，精神的表象 (geistige Vorstellung) と感覚的知覚 (sinnliche Wahrnehmung) という概念で両者の区別を図ろうと試みており，そこから客体の錯誤と方法の錯誤の区別については，①いつの時点に錯誤が存在し，②その錯誤はいかなる内容のものか，という二つの問題が看取された．その上で，全てに「誤り」が存する場合を方法の錯誤，一部に「誤り」が含まれる場合を客体の錯誤とした Hoyer の見解を検討した．方法の錯誤においては，精神的表象により特定された客体と実際の結果との間に錯誤 (＝誤り) があり，また，感覚的知覚によって特定された客体と実際の結果との間 (＝因果経過) にも錯誤 (＝誤り) が存するから，全てに「誤り」があるといえる．客体の錯誤においては，精神的表象により特定された客体と実際の結果との間に錯誤 (＝誤り) がある

ものの，感覚的知覚によって特定された客体と実際の結果との間（＝因果経過）に錯誤（＝誤り）は存せず，したがって，一部に「誤り」が含まれる場合といえる．しかしながら，そもそも，「客体の錯誤」と「方法の錯誤」の事案は，どちらも，行為者の精神的表象において特定した客体には結果が生じていないことから，その限りでは，精神的表象と結果との間の錯誤は両事案に共通していると解した．その上で，かかる錯誤のみが存する場合を客体の錯誤とし，かかる錯誤に加えて因果経過の逸脱が存する場合を方法の錯誤と考えた．感覚的知覚による客体の特定は，実行行為時に客体を特定することを指すが，ある種の犯罪においては，最後になした（感覚的知覚を伴わない）客体の特定が実行行為時まで維持されている場合もあるということを確認した．そして，離隔犯のように，実行行為時に感覚的知覚による客体の特定が存せず，未遂犯成立時よりも前に客体の特定をなすような場合，感覚的知覚によって特定された客体ではなく，危険源を設定した際に行為者によって最後に特定された客体と解すべきであると考えた．すなわち，行為者の精神的表象により特定された客体に結果が生じていないことを前提として，その上で，客体の錯誤を，「危険の向く先を定める際の，最後に特定された客体」と「実際に結果が生じた客体」が同一である場合と定義し，同一でない場合を方法の錯誤と定義した．

　かかる定義に基づき，両者の区別が困難とされてきた古典的四事例を検討した．電話侮辱事例（Telefonbeleidigerfall）は客体の錯誤，自動車爆殺事例（Bombenlegerfall）は方法の錯誤，毒酒発送事例（Vergifteter Whisky-fall）は方法の錯誤，ローゼ・ロザール事例（Rose-Rosahl-Fall）は，教唆者が被教唆者に客体を特定するにあたって具体的に指示を出していた場合は方法の錯誤となり，抽象的・曖昧な指示を出していた場合は，客体の錯誤になるという結論を得た．その際には，危険源と客体の間の因果的距離に着目し，方法の錯誤を，行為者によって最後に特定された客体へと向かう危険源とそれとは別の客体との因果的距離が縮まり，点として重なった状態であると解した．このことによって，抽象化された故意に頼ることなく，明確に両者の区別が可能となることを示したのであ

る．このようにして，行為者において視覚的な客体の認識を欠くような離隔犯という事例群においても，客体の錯誤と方法の錯誤を明確に区別され得るのである．しかしながら，本章が達成したのは客観的な状況としての方法の錯誤と客体の錯誤の区別に過ぎず，その上で方法の錯誤に該当するとされた事案に対しいかなる解決を呈示するか，ということは示せてはおらず，これは別稿に譲るものとする．

第3章

因果関係の錯誤について

I はじめに

　本章は，Weber の概括的故意と呼ばれる事案，および，早すぎた構成要件の実現と呼ばれる事案など，因果関係の錯誤に関する事例の具体的解決を試みるものである．

　故意犯において行為者は，客体を認識し，客体を当該犯罪の実行行為の対象として具体化する際に，当該犯罪の規範に直面している．その上で行為者は，反対動機の形成が可能であったのにもかかわらず，あえて規範を乗り越え，実行行為に出るのである．このように考えれば，行為者が規範を乗り越えて故意責任が問われる時期というのは，その犯罪を行うために行為者が客体などの具体化をなした時であり，かかる時期は，行為者の有する行為計画によって判断されるべきと思われる．この点に関し，本章では，ドイツの判例・学説を考察し，因果関係の錯誤の事案が行為者の行為計画に鑑みて故意の検討がなされていることを明らかにしたい．以下では，考察の前提となる Weber の概括的故意と呼ばれる事案，および，早すぎた構成要件の実現と呼ばれる事案を概観する．

II 因果関係の錯誤の事案

1. Weber の概括的故意

　Weber の概括的故意とは，行為者が第一の行為によって意図した結果を実現したものと誤信し，第二の行為に出たところ，それによって意図した結果が実現した場合，その実現までの全過程を概括的に把握して故意があると認められるとする見解である[1]．我が国では Weber の故意の事案を

---

1)　Baumann/Weber/Mitsch/Eisele, Strafrecht, AT, 12. Aufl., 2016, Rn. 25 zu § 20.

因果関係の錯誤の事例として位置づけることから出発している[2]．しかし，この「概括的故意」という用語法には批判がなされており[3]，近年では，本事案は Kühl によって，「後に生じた結果の発生（verspäteter Erfolgseintritt）」と呼ばれている[4]．

この「後に生じた結果の発生」に関して，我が国においては，リーディングケースとして大判大正12年4月30日（刑集2巻378頁）がある．これは，被告人 X が，夫の連れ子である被害者 A が病気のため家計を圧迫していたことを快く思っておらず，A を殺害しようと企て，X は A の就寝中に麻縄で首を絞め，動かなくなった A を見て死亡したものと思い込み，犯行の発覚を防ごうと A を遺棄しに行き，首の縄を解かないまま A を海岸砂上まで運び，そのまま放置して帰宅したという事案である．ここで A は砂を吸引してしまい，頸部絞扼と砂末吸引が重なったことにより死亡した．この事案に対し，大審院は，「砂上に放置したる行為ありたるものにして此の行為なきに於ては砂末吸引を惹起すことなきは勿論なれども本来前示の如き殺人の目的を以て為したる行為なきに於ては犯行発覚を防ぐ目的を以てする砂上の放置行為も亦発生せざりしことは勿論にして之を社会生活上の普通観念に照し被告の殺害の目的を以て為したる行為と被害者の死との間に原因結果の関係あることを認むるを正当とすべく被告の誤認に因り死体遺棄の目的に出でたる行為は毫も前記の因果関係を遮断するものではない．」と判示し，第一行為と結果との間に因果関係が存在し，第二行為の介在はそれを遮断するものでないと判示して殺人既遂を

---

2)　井田良『講義刑法学・総論〔第2版〕』(2018年) 195頁，斉藤誠二「いわゆる概括的故意をめぐって（上）」警察研究第50巻12号（1979年）1718頁，中義勝「概括的故意事例についての一考察」『団藤重光博士古稀祝賀論文集』第2巻（1984年）184頁以下，香川達夫「概括的故意」研修457号（1986年）3頁以下，内田文昭「いわゆる『ウェーバーの概括的故意』の意義（上）（下）」警察研究第58巻4号（1987年）3頁以下・同58巻5号（1987年）3頁以下，山中敬一「行為者自身の第二行為による因果経過への介入と客観的帰属ヴェーバーの概括的故意事例の検討を中心に」『福田平＝大塚仁博士古稀祝賀・刑法学の総合的検討（下）』（1993年）247頁以下，葛原力三「所謂ヴェーバーの概括的故意について」刑法雑誌33巻4号（1994年）643頁以下．

3)　Roxin/Greco, Strafrecht, AT, Bd. I, 5. Aufl., 2020, Rn. 174. zu §12.

4)　Kühl, Strafrecht, AT, 8. Aufl., 2017 Rn. 46 zu §13.

認めた．この問題については，因果関係の錯誤として扱うのが通説的見解となっている[5]．

2．早すぎた構成要件の実現

　早すぎた構成要件の実現とは，先述した「後に生じた結果の発生」とは逆に，第二行為によって結果を生じさせる予定であったが，第一行為で結果が発生したという事案である．リーディングケースとされる最決平成16年3月22日（刑集58巻3号187頁）は，被害者を事故死に見せ掛けて殺害し生命保険金を詐取するという目的の下で，被害者を犯人の使用車に誘い込み，クロロホルムを使ってVを失神させたうえ，川の付近まで運びVを車ごと崖から川に転落させて溺死させるという計画を立てて実行したところ，実際には被害者はクロロホルムの吸引により死亡していた可能性があったという事案であった．

　この事案に対し最高裁は，「第一行為は第二行為を確実かつ容易に行うために必要不可欠なものであったといえること，第一行為に成功した場合，それ以降の殺害計画を遂行する上で障害となるような特段の事情が存しなかったと認められることや，第一行為と第二行為との間の時間的場所的近接性などに照らすと，第一行為は第二行為に密接な行為であり，実行犯3名が第一行為を開始した時点で既に殺人に至る客観的な危険性が明らかに認められるから，その時点において殺人罪の実行の着手があったものと解するのが相当である．また，実行犯3名は，クロロホルムを吸引させて被害者を失神させた上自動車ごと海中に転落させるという一連の殺人行為に着手して，その目的を遂げたのであるから，たとえ，実行犯3名の認識と異なり，第二行為の前の時点で被害者が第一行為により死亡していたとしても，殺人の故意に欠けるところはなく，実行犯3名については殺人既遂の共同正犯が成立するものと認められる．」と判示した．

　ここで最高裁は第一行為と第二行為を「一連の殺人行為」としたことか

---

5)　葛原力三「因果関係の錯誤」西田ほか編『刑法判例百選I総論［第6版］』（2008年）34頁以下．

ら，殺人の故意の存在時期が問題となったのである[6]．最高裁は，第一行為の時点に殺人罪の「実行の着手」を認めており，たとえ第二行為から直接的に結果が惹起された場合であっても殺人既遂が成立するという故意既遂犯を認める通説の立場に依拠したものとも考えられる[7]．以下，この早すぎた構成要件の実現（クロロホルム事件を中心に）の事案を逆 Weber事案と呼ぶ[8]．これら二種の事案（Weber・逆 Weber））は，我が国においては因果関係の錯誤として取り扱われていることを確認した上で，次章では，同様の事案がドイツにおいてどのように扱われているかを検討する．

Ⅲ　ドイツにおける概括的故意の議論

Weber は，故意を，「概括的故意（allgemeiner Dolus, dolus generalis)」と，「特殊的故意（besonderer Dolus, dolus specialis)」に二分する．Weber は，犯罪の決意が主要である結果を追求する多くの行為・手段あるいは行為部分を包括しており，それによって目的としていた一個の犯罪が達成される場合の故意が，概括的故意であるとする．これに対して，犯罪の決意が一個の行為を手段として，一個の犯罪の発生に向けられている場合が特殊的故意であるという[9]．ただし，現在ドイツにおいては，本稿が検討の対象とするような事案は因果関係の錯誤の事案と解されており，

---

6)　同判例について詳しい検討を加えるものとして，高橋則夫「早すぎた構成要件の実現」の一考察―いわゆるクロロホルム殺人事件をめぐって―早稲田法学80巻4号（2005年）10頁.

7)　山口厚『新判例から見た刑法［第2版］』（2008年）85頁以下，島田聡一郎「早すぎた結果発生」ジュリスト増刊『刑法の争点』（2007年）66頁，佐藤拓磨「早すぎた構成要件実現について」法学政治学論究63号（2004年）235頁．近年有力な進捗度説については，樋口亮介「実行の着手」東京大学法科大学院ローレビュー13巻（2018年）56頁以下および，佐藤拓磨「日本における実行の着手」刑事法ジャーナル63号（2020年）4頁以下.

8)　かかる事案を，「Weberの概括的故意」の「逆」の事案であると位置づけるものとして，Sowada, Der umgekehrte »dolus generalis«, Die vorzeitige Erfolgsherbeiführung als Problem der subjektiven Zurechnung, in: Jura 2004 S. 814.

9)　Weber, Neues Archiv des Criminalrechts, Bd. 7, 1825, 576ff.

故意の問題ではないとされている[10]．したがって，以下では因果関係の錯誤についてドイツにおける判例・学説の変遷を概観することとする．

1．ドイツにおける判例の変遷

　まず判例として 1960 年 4 月 26 日の連邦通常裁判所第五刑事部判決を取り上げる[11]．事案の概要は，被告人が被害者の首を絞め，その際被害者が大声を出すことを阻止するため，両手に一杯の量の砂を口の中に押し込んだというものである．原審裁判所は，この当時被告人には殺人の未必の故意があり，被害者が動かなくなったので，被告人は被害者が死んだものと思い，被害者を肥溜めに投げ入れたものの，その際被害者は死亡しておらず，肥溜めの中で死亡するに至ったと認定し，被告人に故殺既遂罪を言い渡した．これに対して被告人は上告をした．BGH は，「被害者の首を絞め，砂を飲ませ，肥溜めに投げ入れるまでが，被告人の有する（殺人の）未必の故意に覆われていると考えるのは不当である．被告人は被害者の死を確信しているのであるから，肥溜めに投げて沈める間も殺人の未必の故意をもって行為したとはいえない．むしろ，この殺人の未必の故意は，被害者の死亡についての被告人の確信によって，終了しているのである．明瞭でない，法史上，既に過去のものとなっている『概括的故意（Generalvorsatz）』の概念も，このことに変更をもたらし得ない．かかる概念を援用し，当初の殺人の未必の故意を，故意が既に存在しなくなった後の行為にまで拡張することは可能でないのである[12]．しかしながら，被告人は，被害者の首を絞め，砂を飲ませたときには殺人の未必の故意を有していたのであり，そのことによっては確かに被害者の死を直接的には惹起しなかったが，間接的には惹起したのである．死を惹起したこのような経過（被害者を肥溜めに沈める）は，被告人が殺人の未必の故意で実行した前の行為がなければ，生じなかったであろう．それゆえ，この『前の行

10）Sternberg-Lieben, in: Schönke-Schröder, StGB, Kommentar, 30. Aufl., 2019, Rn. 58 zu §15.

11）BGHSt 14, 193.

12）H Mayer, Das Problem des sogenanten dolus generalis, in: JZ 1956, S.109.

為』は死の原因なのである．すなわち，被告人は殺人の未必の故意で被害者の死を惹起したのである．確かに，被告人は自身があり得ると思っていた態様とは異なる態様でそれを惹起しているものの，この認識された因果経過からの逸脱は僅かなものであり，法律上重要ではないのである．このことは，殺人の確定的故意（direkter Tötungsvorsatz）の事案に関して既に幾度も判示されている．」と述べ，その際 BGH は，BGH Urt. v. 23. 10. 1951 bei Dallinger MDR 1952, 16. を引用したのである[13]．

　このように，BGH は，概括的故意の見解を否定した上で，本事案（Weber 事案）を因果関係の錯誤として取り扱うべきであるとしたのである[14]．学説も，かかる BGH の立場を支持し[15]，現在では概括的故意を肯定する者はほぼ見られない．「行為者は第一の行為によって被害者を殺害するという具体的な故意を有していたのであって，概括的故意を有していたわけではない．それゆえ，Weber 事案を概括的故意の事案として考察するのは不当であり，行為者の故意の具体性を抽象化して検討する，因果関係の錯誤の一般理論に基づいて考察しなければならない．」との指摘も見受けられる[16]．かくして，本判例以降，判例および通説は，このような事案を因果関係の錯誤として取り扱うようになった[17]．ただし，これらの判例・通説の見解に対して Maiwald は，「第一行為後に行為者が新たな意思決定をしたならば，そこには答責されるべき行動主体が存するのであっ

---

13) BGH Urt. v. 23. 10. 1951 bei Dallinger MDR 1952, 16. これは，被告人が生まれたばかりの自分の子供を殺す行為を行なった後に，子供が死んだものと誤信して，これを便器に投げ入れ，その結果窒息死させたという事案である．BGH は，実際の因果経過と行為者が認識していた因果経過の間の食い違いは重要でないとして，被告人に殺人罪を言い渡している．

14) 同様に，当該問題を因果関係の錯誤の事案として扱っている判例として，RGSt 67, 256 がある．これは，被告人両名は共同して，殺人の故意で A 婦人に襲いかかり，倒れた A を死んだものと誤信した被告人らが，A を川に投げ入れ，溺死させたという事案であり，被告人両名に謀殺罪の既遂を認めた．また，原因において自由な行為と併せて判示しているものとして，BGHSt 23, 356.

15) Wolter, ZStW 89, 1977, S. 649.

16) Baumann / Weber / Mitsch / Eisele , AT12, 2016, Rn. 25 zu §20.

17) Sternberg-Lieben, (o. Fn10.) .

て，その後に発生した結果を因果的にそれより前である第一行為に帰責させることは許されない.」といい，第一行為の故意犯の未遂罪と第二行為による過失犯の既遂罪が問題となるべきであると主張する [18]．また，Mayer は，「第二行為が故意になされたものでない以上，それは，第一の故意行為の因果性を遮断する独立の行為たりえず，単に中間原因となるにすぎないとして，因果関係の錯誤の問題として，第一の故意行為の責任を検討すべきである.」と述べ [19]，判例・通説に異論を唱えている [20]．これらの見解とは一線を画して，行為計画の実現という立場から Roxin は，殺人の故意によって包括された，行為者の第一行為から生じる相当な結果として，被害者の死が行為者に客観的に「帰属」されるのであり，その結果がなお行為者の行為計画の実現とみられる限り，それは主観的に故意への帰属にとっても十分なものであるという [21]．このように学説上は有力説による多岐に渡る主張がなされているが，以下では，これらの批判や学説を受けて，近年の判例がどのような立場を採っているかについて分析する.

2. ドイツにおける近年の判例

　上述の通り，因果関係の錯誤に関する学説は多岐にわたるが，以下では，その後の判例を概観し，更なる考察を加えたい.
① BGH 5 StR 12/01 - Beschluß v. 25. April 2001 (LG Chemnitz)
　事案の概要は以下のとおりである．被告人は，電車内において，知らない女性 D がいるトイレに押し入った．そして，D の手を縛り，強制性交をした．そのあと，被告人は，D の体がだらりとなるまで下着を D の口に，押し込んだ．被告人は，強制性交を訴えられることを恐れ，D を殺そうと思い，生気のないように見える D を，列車の窓から放り投げた.

---

18) Maiwald, ZStW78, 1966, S. 52.

19) H Mayer, (o. Fn12.).

20) Jäger, Vorsatz versus Tatvorsatz, Eine an der Täterlehre orientierte Betrachtung mehraktiger Erfolgsverwirklichungen, in: Schroeder-FS, 2006, S. 2.

21) Roxin, Gedanken zum, "Dolus Generalis", in: Würtenberger-FS, 1977, S. 114f.

Dの死因は窒息であった．BGHは「被告人が被害者を既に軽率に殺害し，それに引き続いて，場合によっては既に死亡していた被害者に対し，殺人未遂を，自身の犯罪行為の隠蔽のために犯したという可能性が排除されないならば，ここでは，表象された因果経過と実際の因果経過との間のとるにたらない食い違いという法形象を用いることはできない．なぜならば第一の，致死的な行為は，認定された被告人の殺人の故意には覆われていなかったのである．」と判示した．

　このように，行為者に第一行為の時点で殺人の故意がなく，第二行為の時点で殺人の故意が生じた場合は，全体として一つの実行行為とすることは許されず，因果関係の錯誤に対する解決法も，ここでは用いてはならないとされたのである[22]．したがって，このことから，重要なのは，各行為の時点において故意が存したかどうか，であることが看取される．

② BGH 1 StR 676/10 - Beschluss vom 15. Februar 2011（LG München II）[23]

　本件は，被告人によってベネズエラにおいて発注されたコカインが，掛け時計の中に隠され，ポストに投函され，そして，イギリスからベネズエラに向けて輸送されている間，第三者に盗まれて，ドイツに輸入されたという事案である[24]．BGHは，「しかしながら，ドイツ麻薬法（BtMG）29条1項1文1号および30条1項4号の意味におけるこの『所為結果』は[25]，地裁の見解に反して，ここで被告人に帰責され得ないのである．なぜなら，監視されているコカインの輸送は，イギリスの税関によってロンドンでそのコカインの輸送が発覚した後，もはや被告人の故意に包括されていない，因果経過の本質的な逸脱があるからである．」と判示し，その理由について，「定着したBGHの判例によれば，実際の因果経過が一般

────────────────

22) Tröndle/Fischer, StGB und Nebengesetze 57. Aufl., 2009, § 16 Rdn. 7.

23) BGHSt 56, 162.

24) NJW 2011, 2065; NStZ 2012, 41.

25) ドイツ麻薬法については，拙稿「薬物事犯における未必の故意—ドイツ麻薬法の観点も踏まえて—」中央大学大学院研究年報法学研究科篇第44号（2015年）259頁以下を参照．

的な生活経験に基づいて予見可能である範囲にもはや留まらず，その限り
で変化させられた不法内容に基づき，所為の法的評価を別のものとするこ
とが必要とされる場合には，故意を阻却するところの，行為者が表象した
因果経過と実際の因果経過の間の本質的な食い違い（逸脱）が存するので
ある．所為の法的評価にとって意義を有する因果経過におけるこのような
本質的な逸脱を，刑事部は，以下のような事例において認定した．すなわ
ち，麻薬剤が，計画された輸入の前に外国において薬物の運び屋から盗ま
れ，その窃盗犯人によってその後その麻薬剤自体がドイツへ輸入されたと
いう事例である．ここでは，没収によって麻薬剤に対する支配を気づかれ
ないうちに喪失したことが，薬物輸送を依頼した者と運び屋によって進め
られた経過から独立して創造された全く新しい因果連鎖（Kausalkette）
を遮断したものと判断されたのである．」とした．

　その上でBGHは，「本事案においても，被告人が行為計画を立てた当
時に表象した因果経過と実際に発生した因果経過との間に食い違い（逸
脱）が存するのである．」といい，「確かに，地裁は そのような逸脱を，
イギリスの税関によってその（コカインの）輸送が発覚した後も，被告人
によって予見された方法で，すなわち航空貨物によって，掛け時計にはめ
込まれたコカインはドイツに至ったのであるという論拠をもって否定して
いる．しかしながら，ここでは，被告人によって計画された輸入がその当
時，既に水泡に帰していたということが十分な基準によって検討されては
いないのである．薬物の発覚後にドイツに至る更なる輸送は，もはや被告
人の行為計画には基づいておらず，一致を見ているドイツとイギリスの税
関が，もっぱら被告人の有罪認定のための捜査戦略上の根拠から目論んだ
ところの決定に基づいているのである．」とした[26]．

　本判例において，後述の租税債権の場合には，因果経過は行為者が予想
したものとは異なるものの，意図した犯罪結果が達成されているのに対
し，本事案においては，そもそも当初の行為計画ではドイツに輸入するつ

---

26) BGH, Beschluss vom 11. Juli 1991 – 1 StR 357/91, BGHSt 38, 32, 34.

もりがなかった点が重要であろう.

　それゆえ, 本事案の行為者は「ドイツに麻薬剤を輸入してはならない」という規範に直面してはいないのである.

③ BGH 1 StR 577/13 – Beschluss vom 6. Februar 2014 (LG Essen)

　本件は, 行為者が他人を通じて租税債権の減縮を謀った事案である [27]. BGH は「確かに, 因果経過も故意によって包括されるべきである. しかしながら, BGH の判例によれば, ここで, 行為者の表象が実際の事象経過に大枠で合致しているということでは足りない. 表象された因果経過と実際の因果経過との間の食い違いは, その食い違いが, 一般的な生活経験に基づいて予見可能である範囲の中に留まり, 所為を別に評価することをなんら正当化しない場合には, 法的な評価にとってなんら意味をなさないのである. しかしながら, 別の者に委託した場合において, 租税債権の減縮 (Steuerverkürzung) の所為結果が, 別の者が正犯者にとって委託通りに, その申告において, 正当化されていない事前の租税控除 (Vorsteuerabzug) により申告された租税が即座に改めて完全にあるいは十分に補整 (kompensiert) されるところの, 不正確な申告を届け出ることによって発生したか否か, あるいは, 委託された者が合意に違反して (abredewidrig) 租税債権の申告を全く行わなかったことによって発生したか否かは, 租税逋脱 (Steuerhinterziehung) という所為の評価に影響しないのである.」と判示している [28].

　本事案では, 行為者に因果経過の錯誤があったとしても, 本来行為者が希求していた結果である租税債権の減縮が達成されていることから, 行為者の責任が問われている. とりわけ, 租税逋脱犯は, その行為態様が不作為・作為を含め多様であることから, 逋脱の故意を有し, 逋脱に向けたなんらかの行為を不作為あるいは作為の態様で行い, その結果, 租税債権の減縮が達成された場合にのみ処罰されている [29]. 本事案も, 行為者の行為

---

27) BGHSt 58, 218, 222.

28) HRRS 2014 Nr. 623.

29) ドイツの租税逋脱犯については, 拙稿「各構成要件における行為事情の錯誤～特別法およびド

計画によれば，第三者を通じて租税債権の減縮を謀っているものの，行為者は租税債権が減縮されることを求めており，第三者に対し，具体的な指示を出していないことからも，結果発生に至る因果経過は何ら具体化・特定されていない．また，行為者自身の実行行為は既に終了しており，後の事情（委託した者の作為か不作為か）は重要ではないと思われるのである．

3. 小括

　以上，近年の判例を概観するに，実際の因果経過が一般的な生活経験に基づいて予見可能である範囲に留まらず，その限りで変化させられた不法内容に基づき，所為の法的評価を別のものとすることが必要とされる場合に，故意を阻却するところの行為者が表象した因果経過と実際の因果経過の間の本質的な食い違い（逸脱）が存するとされているのである[30]．また，その際には，行為者の行為計画に鑑み，その上で因果経過の錯誤の重要性が判断されているのである[31]．かかる検討方法は学説上も支持されている[32]．

Ⅳ 修正された行為計画説による解決の試論

　以上，ドイツの学説・判例を考察してきたが，以下では，第1章で述べた修正された行為計画説による試論を行う．その前提として，改めて，Roxin の見解を参照したい．

　イツにおける租税逋脱罪の判例を手がかりに～」嘉悦大学研究論集58巻1号（2015年）69頁以下を参照のこと．

30) BGH, Beschluss vom 11. Juli 1991, (o. Fn27.) . ；および BGH, Beschluss vom 9. Oktober 2002 - 5 StR 42/02, BGHSt 48, 34, 37.

31) Cramer/Sternberg-Lieben in Schönke/Schröder, StGB 30. Aufl. ,2019, § 15 Rdn. 58.

32) Stratenwerth, Strafrecht AT I 4. Aufl., 2000, § 8 Rdn. 94. ;Maurach/Zipf , Strafrecht AT 18. Aufl., 1992, § 23 Rdn. 36.

1．行為計画説

　Roxin は，錯誤が存する事案の故意について客観的帰属論の立場から，「行為計画の実現」の有無を故意の帰責基準として挙げている．そして，方法の錯誤が故意の帰属を排除しないのは，行為計画上，被害者の同一性が重要でない場合であるとする[33]．Roxin の行為計画説によると，方法の錯誤における結論は，具体的符合説と法定的符合説の中間的なものとなる．しかしながら，行為計画説は，結論においては具体的符合説により近い立場にあるといえる．たとえば，A が自分の息子 C と共に飲食店にいて，そこで喧嘩が起きた際に，仇敵である B を射殺しようとしたが，同人に当たらず，自分の息子の C に当たったという場合には，その行為計画は，A の主観的判断によるのみならず，客観的基準によっても失敗したことになるとされる[34]．このことは，弾が自分の息子 C ではなく，未知の第三者に当たった場合でも同じである．その場合，殺された被害者については確かに危険の実現があり，したがって過失致死罪の基礎をなすドイツ刑法 212 条の客観的構成要件の充足がある．しかし，計画の実現が存在しないために，結果を故意犯として行為者に帰属させることはできず，したがって，その限りで追求された結果は未遂処罰の契機になりうるにすぎない．このような意味では，行為計画説は具体的符合説と類似する．

　しかし，たとえば，ある者が騒乱を企てて，任意のデモ参加者を射殺しようとしたが，彼が狙った人とは別の人に当たって死亡させたような場合には，事情が異なる．なぜなら，この場合は，因果関係の逸脱があるにもかかわらず，客観的な判断によれば，（そしてしばしば行為者自身の考えに従ったとしても），なお行為計画の実現が存在するからである[35]．

　行為計画からみて被害者の同一性が問題とならない場合には，方法の錯誤は故意への帰属を排除しないという一般原則が導き出されるのである．

33）Roxin/Greco, (o. Fn3.)，§12（B）Rn. 165ff.

34）ここでいう客観的基準とは，「第三者が判断したとしても」という意味を包含する．

35）未必の故意がなく，概括的故意ともいえないような場合に限られる．もっともそのような場合は稀有であると解する．

この限りでは，行為計画説は法定的符合説に類似する.

　もっとも，この Roxin の行為計画説は，客観的帰属論を基礎に「いかなる場合に結果に故意を帰属させるべきか」という問題に対し，解答を与えるものである．ドイツで通説である客観的帰属論は，因果関係論として条件説を採用し，行為と結果との間の条件関係が認められた場合に，客観的帰属の理論を用いることにより，行為者への結果帰属を制限するものである [36]．しかし，我が国においては，因果関係論において未だ通説には至っていない客観的帰属論を採用するか否かは別として [37]，「結果に故意が帰属されるべきか」という規範的な判断を必要とする故意の検討方法ではなく [38]，単なる構成要件的故意の有無を判断するために「その結果についての故意が存したか」が検討されるべきである [39]．

　それゆえ，私見としては，かかる Roxin の見解を修正し，行為計画説を，行為者の計画や目的に照らして，行為者が当該行為の客体をどの程度具体化して認識するかを判断する見解とする「修正された行為計画説」による解決（第 1 章参照）が望ましいと思われる [40]．詳細については，以下で述べていくことにする.

36）詳細なものとして，山中敬一『刑法における客観的帰属の理論』（成文堂，1997年）280頁以下.

37）我が国における因果関係判断に際して客観的帰属論を採ることに消極的な立場を採るものとして，曽根威彦「客観的帰属論の体系的考察―ロクシンの見解を中心として―」『西原春夫先生古希祝賀論文集』（一巻）（1998年）65頁以下，および林陽一「わが国における客観的帰属論－最近の展開をめぐって」千葉大学法学論集13巻1号（1998年）236頁.

38）Roxin, Zum Schutzzweck der Norm bei Fahrlässigendelikten, FS für Wilhelm Gallas, 1973, S.241ff.

39）客観的帰属論は「許されない危険の創出」などの諸要素の判断を必要とするが，その結果，構成要件段階の因果関係の検討の際に違法性判断を先取りしてしまい，構成要件と違法性の峻別がなされなくなり，妥当でないと思われる．同主旨のものとして，下村康正「ドイツ刑法学に於けるいわゆる客観的帰属の理論―シュミットホイザーの所説を中心として―」法学新報79巻9号（1972年）4頁参照.

40）拙稿「同一構成要件間における方法の錯誤の取り扱い―修正された行為計画説の立場から―」中央大学大学院研究年報第43号法学研究科篇（2014年）238頁以下を参照.

2.　修正された行為計画説による因果関係の錯誤の事案の解決

　故意犯において，行為者は客体を認識し，当該犯罪の実行行為の対象として客体を具体化する際に当該犯罪の規範に直面している．その上で行為者は，反対動機の形成が可能であったにもかかわらず，あえて規範を乗り越え，実行行為に出るのである[41]．たとえば，A が B を殺害するつもりで銃を用意し，A 宅から B 宅まで歩いている途中に警官に職務質問され，銃の所持ゆえに逮捕された場合，A には殺人予備罪が成立する．許可なく銃を買う・銃を携帯するという単なる銃刀法違反のみで処罰されるに留まらない理由は，A の行為計画によって，「殺害するつもりで銃を買った・銃を携帯した」ということが判明し，B の殺害に至るまでの因果経過の中に，銃の所持という行動が含まれていたからである．その際，銃の所持という行動につき，まず実行行為性が認定され，次に，行為者 A に「B 殺害に向けた銃の所持」という故意が存することが確認されるのである[42]．当時の行為者 A が直面した規範は，「B を殺してはならない」ではなく，「B を殺すための道具を準備してはならない」である．そして，A は，銃を購入・所持した際に殺人予備罪に関する具体化を行っており，その限りの規範を乗り越えていることから，殺人予備罪の故意責任が問われるのである[43]．もちろん，たとえば毒入りの酒を送る場合，発送段階が予備罪の行為となるが，その際，被害者が自ら行為者のもとへ赴き，自分が受け取るはずの酒をその場で勝手に開けて飲んだような場合は，予備行為から犯

41) 松原久利「違法性の錯誤と違法性の意識の可能性」（成文堂，2006年）31頁以下．
42) 伊東研祐「因果関係の錯誤」別冊ジュリスト『刑法判例百選 I 第七版』（2014年）33頁は，認識した（構成要件的）結果の実現に向けて（認識した因果経過に適合的に）因果系列を意思的に制御していく過程が（故意）行為であるとし，客観的に生じた（認識したものとは異なる）因果経過がかかる意思的制御としての行為に実態として含まれるかという観点で議論をするのが素直であるという．したがって，このような場合には，行為の時点における意思的制御を具体的に検討する必要があると思われる．
43) 松原教授も，早すぎた構成要件の実現の事案に関し，結果惹起行為を留保している場合には行為者は禁止規範を突破していないとされ，未遂犯処罰を主張されている．松原芳博「未遂犯・その1─総説・未遂犯の成立時期─」法学セミナー671号（2010年）122頁．

罪結果が発生することになる[44]．しかしながら，このような場合は，客体の具体化が困難な特殊な離隔犯に限られると思われる（これについては第2章を参照されたい）．

　このように考えれば，行為者が規範を乗り越え，故意責任が問われる時期というのは，その犯罪を行うために行為者が客体などの具体化をなした時であり，かかる時期は，行為者の有する行為計画によって判断されるべきである[45]．行為計画によって，規範に直面する時期が明らかとなるならば，Weber事案や，逆Weber事案のような，因果関係の錯誤の事案もかかる検討によって解決が可能であると思われる．以下，修正された行為計画説を用いて本章で扱った2つの事案の解決を試みる．

3. Weber の概括的故意の事案

　Weber事案において行為者は，第一行為の時点で被害者を殺害する故意を有し，その実行行為を被害者に向けていることから，この時点において行為者は規範に直面し，それを乗り越えて実行行為に出たことになる．したがって，殺人罪の実行行為は終了したと考えるべきである．

　たとえば，行為者がどんなに危険な行為をしたとしても，殺人罪の実行行為が終了したのち，救命士により奇跡的に被害者が命を取り留めた場合は殺人未遂罪となる．病院にて被害者が死亡した場合は殺人既遂罪となる．したがって，既遂罪になるか，未遂罪になるかは，「実行行為が終了したか否か」とは関係なく，客体である被害者の生死に関わる問題であるといえよう．そのように考えれば，第一行為の時点で規範に直面し，殺害の実行行為を行った行為者は，その時点で実行行為は終了しており，行為者に成立する犯罪は，被害者の生死によって決せられる．第二行為により

44）林幹人『刑法総論第2版』（東京大学出版会，2008年）248頁．
45）ドイツの判例においても，逐一その行為時（zum Tatzeitpunkt）において殺人の故意が存するか否かが判断されている．BGH, Urteil vom 11. Oktober 2000 - 3 StR 321/00, BGHR StGB §212 Abs. 1 Vorsatz, bedingter 51; Beschluss vom 1. Juni 2007 - 2 StR 133/07, NStZ-RR 2007, 267, 268; Urteil vom 27. August 2009 - 3 StR 246/09, NStZ-RR 2009, 372. などを参照．

被害者が死亡したとしても，単なる介在事情としての問題が残るだけであって，この問題は因果関係論によって解決されるべきものである[46]．

　それゆえ，仮に相当因果関係説に依るならば，第一行為と死亡との間に条件関係が認められた上で，介在事情に相当性が認められるか否かが判断されることになる．そして，かかる介在事情は，行為者本人によってなされたものであるから，第三者によって引き起こされた場合に比べ，異常性は低く，相当因果関係は存することになろう．また，危険の現実化説によるならば，第一行為の行為が有する危険性が，死亡という結果に現実化したといえるので，同様に因果関係が存することになる[47]．

　つまり，行為者の行為計画に基づいて，第一行為の際に行為者が規範に直面して実行行為に出た以上，その時点で実行行為は終了し，後の行為は「自身による介在事情」と考えられるのである．それゆえ，第一行為については，被害者が死亡しており，因果関係が存するために，殺人既遂罪が成立する．そして，後の行為は，別罪として処罰すれば足りる．

　その際，行為者は死体遺棄罪の故意で遺棄罪を実現している．したがって，そこには抽象的事実の錯誤が存する．行為者は，死体遺棄罪という軽い罪の認識で遺棄罪という重い結果を実現しているため，重い罪は成立し

---

46) Puppeも第二行為は因果的要因の一つの役割を果たしているに過ぎないと述べている．Puppe, in: NK-StGB 5, 2017, Rn. 104 zu §16. また，当該事案を因果関係論の問題とするものとして，山中敬一「具体的事実の錯誤・因果関係の錯誤」中山ほか編『刑法理論の探求：中刑法理論の検討』（成文堂，1992年）179頁以下．

47) このような故意への主観的帰属の立場を採るものとしては，井田良「故意における客体の特定および『個数』の特定に関する一考察（3）」法学研究58巻11号（1985年）78頁以下．井田教授は，既遂結果の主観的帰属がなされる場合として，当初から第二行為を予定し計画していた（行為者の計画の危険が現実化した）場合や，第二行為が死期を若干早めたに過ぎないときのように客観面と主観面の齟齬を法的に無視し得る場合を挙げている．また，山口厚『刑法総論［第3版］』（有斐閣，2016年）231頁は，「①そもそも第1行為による頸部絞扼が被害者の死亡に物理的に寄与しており，いわばその共同原因といえ，②行為者の認識によれば死体遺棄行為であり，被害者の死については過失があるにすぎない第2行為は第1行為に強く動機付けられ，それに誘発されたものであるから，仮に第2行為が死亡の直接的原因であるとしても，第1行為の危険性が第2行為を介して被害者の死に間接的に現実化したということができる」とし，因果関係を肯定している．

ない（刑法 38 条 2 項）．また，死体遺棄罪と遺棄罪の行為態様は同一で
はあるものの，死体遺棄罪の保護法益は国民の宗教的感情及び死者に対す
る敬虔・尊崇の感情であるのに対し [48)]，遺棄ないし遺棄致死，保護責任者
遺棄致死・同致死の保護法益は人の生命・身体に対する危険（ないし，人
の生命に対する危険）であるから，軽い罪の限度においても構成要件的に
実質的な重なり合いは認められないと思われる [49)]．加えて，遺棄罪には過失
犯規定もないことから，後の行為については不可罰となろう．

4. 早すぎた構成要件の実現の事案

　被害者にクロロホルムをかがせる行為を第一行為とし，2km 先で被害
者を溺死させて殺害する行為を第二行為とする．行為者の行為計画によれ
ば，第一行為の時点において被害者を殺すつもりはない [50)]．もっとも，ク
ロロホルムをかがせる行為自体に殺人の危険性が認められるとするなら
ば，かかる行為時における殺人の未必の故意が問題となり，殺人の故意が
認められ得る．しかしながら，行為者の「時系列的な」「細かい」行為計
画によれば，第一行為の時点において被害者を殺すつもりはないため，そ
の際行為者が直面した規範は，「被害者を殺してはならない」ではなく，
「クロロホルムをかがせてはならない」すなわち，「（クロロホルムにより，
意識を失わせて生理的機能に対する障害を惹起する点において）傷害罪の
規範」とも評価し得る [51)]．この場合には行為者が乗り越えた規範は傷害罪
であり，この限度で行為者に故意が存するのであって，傷害罪のみの故意
責任が問われるべきである．それゆえ，行為者は傷害により被害者を死な
せたわけであるから，結果的加重犯として，殺人既遂罪ではなく，傷害致

---

48) 大越義久『刑法各論 2 版』（有斐閣，1996 年）168 頁．

49) 札幌高判昭 61・3・24（高刑集 39 巻 1 号 8 頁）．

50) 林教授も，当該時点では既遂犯の故意として十分でないとし，未遂犯処罰を主張する．林幹人
「早すぎた結果の発生」判例時報 1869 号（2004 年）6 頁．

51) 第一行為に対し予備罪の実行行為性のみを認める見解と同様の結論になる．例えば，曽根威彦
「遡及禁止論と客観的帰属」『現代社会型犯罪の諸問題』（勁草書房，2004 年）153 頁．

死罪の責任を負うべきであるとも考えられる．とはいえ，客観面である殺害に至る危険性の存在に関する認識が行為者に認められるとすれば，この実行の着手すなわち未遂に応じた故意は認められることになる[52]．それゆえ，殺人未遂罪と，傷害致死罪の両罪が成立するとの理解が妥当であると思われる．

　このように，行為計画によって，規範に直面する時点で該当する罪の故意を認めることで，全体的考察に対する批判を受けることなく，因果関係の錯誤に関する事案を適切に解決することができると思われる．

 おわりに

　本章では，Weber の概括的故意と呼ばれる事案，および，早すぎた構成要件の実現と呼ばれる事案など，因果関係の錯誤に関する事例の具体的解決を試みた．故意犯においては，行為者は，客体を認識し当該犯罪の実行行為の対象として客体を具体化する際に当該犯罪の規範に直面している．その上で行為者は，反対動機の形成が可能であったのにもかかわらず，あえて規範を乗り越え，実行行為に出るのである．このように考えれば，行為者が規範を乗り越えて故意責任が問われる時期というのは，その犯罪を行うために行為者が客体などの具体化をなした時であり，かかる時期は，行為者の有する行為計画によって判断されるべきである．ドイツの判例・学説を考察し，因果関係の錯誤の事案が行為者の行為計画に鑑みて故意の検討がなされていることを明らかにした．その上で，行為計画によって，行為者が規範に直面する時期が決定されるならば，Weber の概括的故意事案や，早すぎた構成要件の実現事案のような，因果関係の錯誤の事案もかかる検討方法によって解決することが可能となった．そして本稿は，上記 2 つの事案について修正された行為計画説に基づき，行為者

52）松原芳博『刑法総論［第2版］』（日本評論社，2017年）314頁以下．

の行為計画に鑑みて行為者が規範に直面する時点で該当する罪の故意を認めることで，妥当な解決を示したものである.

第4章

共犯の錯誤と行為計画

実行行為者が事前の謀議に基づいて犯罪に及んだ場合には，謀議のみに関与した者も共同正犯としてその刑責が肯定されることになる[1]．しかし，実行行為者が事前の謀議の範囲を超えるような行為に出た場合，および実行行為者の行為が事前の謀議に基づいたとはいえない場合（全く異なった犯罪を惹起した場合）には，謀議関与者について共同正犯としての刑責が否定されることになる．共犯の錯誤とは，共犯（共同者）が認識・予見した事実と，正犯（他の共同者）が実現した構成要件該当事実とが異なる（＝食い違う）場合のことである[2]．一般に，共犯者の一人が共謀の範囲を超えて重い犯罪を実現した場合（いわゆる共犯の過剰）に関し，軽い犯罪を共謀した者には両罪の構成要件が重なり合う限度で共同正犯の成立が認められるというのが判例・通説である．後述の最決昭和 54・4・13（刑集 33 巻 3 号 179 頁）は，暴行傷害を共謀した共犯者の一人が殺人に及んだ場合，殺意のなかった者には殺人罪の共同正犯と傷害致死罪の共同正犯の構成要件が重なり合う限度で軽い傷害致死罪の共同正犯が成立すると判示している．しかしながら，共犯の錯誤・過剰の取り扱いについては，共謀内容の概括性，謀議・因果性の有無，構成要件的重なり合いなどの諸論点が錯綜しており，混迷を極めたまま共謀の射程が判断されているように思われる[3]．とりわけ因果性の問題は，共同正犯だけでなく，幇助犯・教唆犯においても同様に存するのである[4]．実務においては，東京高判昭和

---

1) 最高大法廷判昭 33・5・28（刑集 12 巻 8 号 1718 頁），練馬事件において「共謀共同正犯が成立するには，二人以上の者が，特定の犯罪を行うため，共同意思の下に一体となって互に他人の行為を利用し，各自の意思を実行に移すことを内容とする謀議をなし，よって犯罪を実行したことが認められなければならない」と判示されている．

2) 長井長信「共犯の過剰について（一）」南山法学 20 巻 2 号（1996 年）131 頁．

3) 嶋矢貴之「共犯の諸問題：共犯と錯誤，共犯の離脱，承継的共同正犯，共謀の射程（特集裁判員裁判時代の「難解概念」の解釈と適用）」法律時報 85 巻 1 号（2013 年）33 頁．

4) 林幹人『刑法の基礎理論』161 頁以下（東京大学出版会, 1995 年）．林教授は，共犯の因果性は，

60・9・30 は，被告人が対立組織との交渉を有利に進めるという目的の下で暴行を加えてでも被害者を拉致する旨を指示し，実行担当者らは自分達の体面を守るという目的の下で被害者を殺害した事案について，被告人に殺人罪も傷害致死罪の責任も認められないとした．また，東京地判平成7・10・9においては，実際に行われた犯罪は同一ではあるものの，共犯者が共謀とは異なった行為態様をとった場合に，行為者には結果が帰属されないとされた．東京高判平成21・7・9では，「被害者への組の制裁」という第1暴行の共謀内容の目的・動機が，第2暴行においても維持されているかが判断され，福井地判平成25・7・19も，第2暴行の動機や目的は，第1暴行とは大きく相違すると判示し，共謀が否定されている．このように，下級審においては，客観的に行為態様自体が共謀の内容に含まれているように見えてもその目的が当初のものと全く異なる場合や，被害客体および犯罪が同一ではあっても共犯者が共謀とは異なった行為態様をとった場合には，共謀の射程が否定されているように思われる．それゆえ，共謀の射程を検討するに際しては，因果性の問題だけでなく，動機および目的ならびに行為態様などの行為者の行為計画を考慮することが必要であると考えられるのである．

Ⅱ　我が国における共犯の過剰および共犯の錯誤

　数人が暴行・傷害を共謀し，実行段階で共犯者の一部が重い殺人罪の故意をもって実行行為に及び未遂に終わった場合に共同正犯が成立する範囲については，学説上大きく三説に分類される．第一に，完全犯罪共同説である．重い犯罪である殺人未遂の共同正犯の成立を認め，共犯者中殺意を有しなかった者については刑法38条2項を適用して傷害罪の限度で処断

幇助犯・共同正犯・教唆犯それぞれの関与形式を通じて統一的なものと解すべきであるという．及び，林幹人「共犯の因果性―心理的因果性を中心として―」警察研究62巻3号17頁（1991年）以下，4号3頁（1991年），5号16頁以下（1991年），7号23頁（1991年）以下を参照.

する見解，あるいは，共同意思主体説の共同正犯一体性の原理から，重い犯罪につき共同意思主体の活動とみて，共同正犯は一体として重い罪につき成立し，ただ処罰については個別的に考察すべきであるとする見解である[5]．第二に，部分的犯罪共同説である．同説は，軽い犯罪である傷害罪の限度で共同正犯の成立を認めるものである[6]．第三に，行為共同説である．同説は，重い犯罪である殺人未遂罪と軽い犯罪である傷害罪との共同正犯の成立，すなわち異なる罪名の共同正犯を認めるものである[7]．これらの学説の対立は罪名と科刑に関するものであり，いずれも行為者に故意がなければ重い結果を問うことはないといえる．

　共犯の過剰・錯誤を論じるには，まず，「因果性」に関する検討が必要である．そもそも，共犯は正犯を介して間接的に犯罪を惹起するものであるから，共犯は正犯行為を援助促進して結果を惹起していると考えられる[8]．そして，刑法の目的は法益保護にある以上，共犯も法益侵害結果に対して因果性を有するから処罰されるのである．したがって，共犯におけ

5）　斎藤金作『共犯判例と共犯立法』（有斐閣，1959年）117頁，中野次雄「判批」評釈集八巻（23年度上）265頁，小室孝夫「錯誤について」司法研修所二〇週年記念論文集3巻（1967年）266頁，正田満三郎『刑法における犯罪論の批判的考察』（一粒社，1962年）103頁．判例，実務の基調もこの説に立つものと理解されている．東京高判昭35・4・21（東高刑時報11巻4号86頁），長野地諏訪支判昭37・6・2（下刑集4巻5・6合併号503頁）など．

6）　団藤重光『刑法綱要総論（第三版）』（創文社，1990年）296頁，註釈刑法（2）343頁，大塚仁『刑法概説総論第4版』（有斐閣，2008年）217頁，団藤重光『注釈刑法（2）』（有斐閣，1976年）741頁，福岡地飯塚支判昭45・3・25（月報2巻3号292頁）等．

7）　牧野栄一『日本刑法（上巻）』（有斐閣，2001年）409頁，木村亀二『刑法総論』（有斐閣，1959年）404頁，平野龍一『刑法総論Ⅱ』（有斐閣，1975年）364頁，木村栄作「判批」刑法判例研究Ⅱ（大学書房，1979年）138頁，東京高判昭27・9・11（特報37号1頁）．なお，平野龍一教授は，犯罪構成要件の重要部分において互に共通する犯罪相互間では，異なる罪名間の共同正犯を認めても，犯罪共同説と正面から矛盾することにはならないであろう，とされる（前掲書365頁）．藤木英雄教授もまた，犯罪共同説に立ちつつ，「犯罪共同説による場合であっても，共犯の罪名は常に共犯すべてにわたり同一でなければならない，というわけではない．同性質の犯罪で，構成要件上重なり合う部分のある罪相互間では，異なる罪名の共同正犯を認めることに理論上支障はない．」とされる．藤木英雄『刑法講義総論』（弘文堂，1983年）283頁．

8）　山中敬一「幇助の因果関係」関西大学法学論集25巻4・5・6号（1975年）109頁以下，西田典之「幇助の因果関係」法学セミナー312号（1981年）22頁以下．

る因果性は心理的・物理的方法で正犯による結果惹起を促進援助したことを指すとされる[9]．実務においても，とりわけ，共犯の離脱の問題は因果性の有無により判断されている[10]．それゆえ，共犯に「因果性」が存しない限り，共犯の過剰・錯誤を論じることができないのである[11]．この因果性については，物理的因果性と心理的因果性の2つ，あるいは少なくとも1つが必要であるとされている[12]．因果性と共謀および故意との関連および検討は，Ⅳに譲るとし，以下では共犯の過剰・錯誤に関する判例及び裁判例を概観し，裁判所の判断方法を考察する．

1．判例及び裁判例

（1）結果的加重犯に関するもの

古いものでは，①最判昭和23・11・4（刑集2巻12号1452頁）がある．これは，強盗共謀者の一人が実行行為の途中から強盗の手段として殺意を生じて人を殺害したときは，殺意のなかった他の共謀者も，強盗致死の罪責を免れないとされた事例である．「しかし，強盗殺人罪は，強盗する機會に人を殺すによって成立する結合的犯罪である．数人が強盗の罪を犯すことを共謀して各自がその実行行為の一部を分擔した場合においては，その各自の分擔した実行行為は，それぞれ共謀者全員の犯行意思を遂行したものであり，又各共謀者は他の者により自己の犯行意思を遂行したものであるから，共謀者全員は何れも強盗の実行正犯としてその責任を負うべきものである．そして，強盗共謀者中の一人又は数人の分擔した暴行

---

9) 山口厚『問題探究刑法総論』（有斐閣，1998年）234頁，西田典之『刑法総論［第3版］』（弘文堂，2019年）315頁

10) 原田國男『最判解刑事篇平成元年度』182頁は，「因果関係の切断の有無を実質的な判断基準として採用しているように窺われる．」と述べている．

11) 山中敬一「共謀関係からの離脱」『立石二六先生古稀祝賀論文集』（成文堂，2010年）539頁以下．

12) この点，学説には，因果的共犯論における因果性を心理的因果性に限定し，共犯関係からの離脱の可否も，専ら心理的因果性の遮断の有無という観点から判断すべきであるとするものとして，町野朔「惹起説の整備・点検」『刑事法学の現代的状況／内藤謙先生古稀祝賀』（有斐閣，1994年）130頁以下．

行為により殺人の結果を生じたときは，他の共謀者もまた殺人の結果につきその責任を負うべきものである．」と判示されている．同種のものとして，②最判昭和26・3・27（刑集5巻4号686頁）がある．これは，強盗の共犯の一人が，強盗に着手した後家人に騒がれて逃走し追跡されているうち，巡査に発見され追い付かれて逮捕されようとした際，逮捕を免れるため同巡査に切りつけ死に至らしめ，その強盗殺人の行為につき他の共犯も責任を負うべきであるとされた事案である．「原審の認定した事実によれば相被告人Aは被告人Bと共謀の上原判示の如く強盗に着手した後，家人に騒がれて逃走し，なお泥棒，泥棒と連呼追跡されて逃走中，警視庁巡査に発見され追付かれて将に逮捕されようとした際，逮捕を免れるため同巡査に数回切りつけ遂に死に至らしめたものである．されば右Aの傷害致死行為は強盗の機会において為されたものといわなければならないのであって，強盗について共謀した共犯者等はその一人が強盗の機会において為した行為については他の共犯者も責任を負うべきものであること当裁判所の判例とする処である（昭和二四年（れ）第一一二号同年七月二日第二小法廷判決）それ故相被告人Aの行為について被告人Bも責任を負わなければならない」と判示されている．次に，③鹿児島地判昭和52・7・7（判時872号128頁，判タ352号337頁）であるが，これは，被告人A，同B，同C及びEが，甲に対する傷害の故意をもって共謀のうえ，判示のD方居室において，交々手拳で甲の顔面身体等を殴打足蹴する等の暴行行為に出で，その際，被告人Aは突嗟に殺意をもって，D方台所より万能包丁を持ち出して，同包丁で甲の背部を二回突き刺したが同人を殺害するまでには至らず，被告人A，同B，同C及びEの右一連の暴行により判示の傷害を負わせた事案である．裁判所は「被告人B，同C及びEは右犯行当時傷害の故意をもっていたにすぎず，被告人Aの殺人未遂行為は，その余の右三名の予期しないところであった．……共同正犯は二人以上の行為者が特定の犯罪に関して故意を共同にして，これを実行することが必要であり，共同行為者の認識している構成要件的故意が共同行為者相互の間においてくいちがっている場合に，それが異なった構成要件

間のくいちがいであるときには，原則として共同正犯の成立は否定され，
ただ例外的にそれが同質で重なり合う構成要件間のものであるときには，
その重なり合う限度で故意犯の共同正犯の成立を認めることができ，その
過剰部分についてはその認識を有していた者のみの単独の故意犯が成立す
ることになると解せられる……しこうして，傷害と殺人との間には，その
行為の態様，被害法益において構成要件的に重なり合うものがあり，罪質
的にも同質性を認め得るし，殺人の意思の中には，暴行・傷害の意思も包
含されているものと解されるから，本件において，被告人Ａ，同Ｂ，同Ｃ
及びＥ間においては，傷害の範囲で共同正犯の成立を認容し得るにすぎ
ない.」と判示している.

　次に，リーディングケースとされる④最決昭和54・4・13（刑集33巻
3号179頁）がある．最高裁は「殺人罪と傷害致死罪とは，殺意の有無と
いう主観的な面に差異があるだけで，その余の犯罪構成要件要素はいずれ
も同一であるから，暴行・傷害を共謀した被告人Ａら七名のうちのＢが
前記福原派出所前で巡査に対し未必の故意をもって殺人罪を犯した本件に
おいて，殺意のなかった被告人Ａら六名については，殺人罪の共同正犯
と傷害致死罪の共同正犯の構成要件が重なり合う限度で軽い傷害致死罪の
共同正犯が成立するものと解すべきである.」と判示した[13].これら③・④
の判例によれば，共同正犯も，各共犯者の個人の責任を問うものである以
上，過剰部分の認識（主観面）が問題となり，共謀段階における故意の内
容を越えて処罰することはできないということが看取されよう.

　同様に，殺人と強盗致死の関係については，⑤大阪地判平成8・2・6
（判タ921号300頁）がある.

　これは，強盗を共謀した者の一人が強盗の機会に人を殺害した場合に，
他の共謀者も強盗致死罪の責任を負うとした事例である．裁判所は「およ
そ強盗の共謀をした者はその強盗の機会に他の共犯者が強盗殺人の所為に

13）松本光雄『最高裁判所判例解説刑事篇（昭和54年度）』67頁，西村克彦「判批」判評250号
　　（1979年）41頁（判時941号187頁）.

出た場合に強盗致死の限度で責任を負うべきであり，かつ，このように解することは個人責任の原理に立脚して，共同正犯の処罰根拠をいわゆる相互利用に求めることと何ら矛盾するものではないところ，本件においては，甲がけん銃を発砲した時期及びその状況からして，D殺害の行為が強盗の機会になされたことは明白であり，したがって，被告人は本件致死の結果に対する責任を免れない．また，関係証拠によれば，被告人は，本件強盗の態様や甲の性格等からして，甲がけん銃をDに向けて発砲することを十分予見できたものと認められるから，これを回避しようとしなかった被告人に過失があることも明らかである．」と判示した．強盗を共謀した者の一人が強盗の機会に殺意をもって人を殺害した場合，殺意を有しない他の共謀者も強盗の機会に暴行が行われることの認識はあり，殺人行為も暴行である以上，結果的加重犯たる強盗致死罪の限度では責任を負うべきであると解される [14]．

　本件⑤事案を考察するに先立ち，強盗罪における致死結果について学説を確認する．刑法240条の強盗致死罪における致死の結果は，判例の依拠する機会説によれば，(1)強盗の手段である暴行・脅迫から生じる場合，(2)強盗の機会に生じる場合が考えられる．(1)の場合は，強盗の実行行為の一部である暴行・脅迫から致死の結果が生じてしまう事案で，基本犯と重い結果を生ぜしめた行為とが同一であり，結果的加重犯の規定がなければ，強盗罪と傷害致死罪の観念的競合になるような場合である．これに対して，(2)の場合においては，強盗の実行行為としての暴行・脅迫（および財物奪取行為）が行われた上で，さらにこれとは別に，たとえば逮捕を免れるために他者に対する傷害行為が行われ，そこから死の結果を生じさせるような場合が典型例であり，240条の規定がなければ強盗罪と傷害致死罪の併合罪となるべき行為が強盗致死罪を構成している．(2)のように，強盗の機会において行われた暴行が原因となって致死の結果が生じた場合には，暴行・脅迫を用いて財物の占有を奪うという当初の共謀（合意内容）

---

14) 団藤重光『注釈刑法 (6)』(有斐閣，1991年) 126頁.

に含まれているかどうかが不明確な行為によって結果が生じているため，他の共同正犯者に致死の結果が帰責されうるか，という問題が生じる．結果的加重犯における法定刑の加重の理由を，基本犯が重い結果を発生させることについて固有の類型的な危険を有していることに求める危険性説に立つ場合，重い結果発生について類型的な危険を有している基本犯の行為を共同実行する以上，結果的加重犯の共同正犯を認めることができる[15]．さらに危険性説を前提としながら，結果的加重犯の成立には基本犯としての行為と，生じた重い結果との間に単なる過失犯以上の密接な関連性があることを要求し（直接性説と呼ばれる），行為者が重い結果を実現した基本行為の危険性を基礎づける事情を認識しているという主観的要件を要求する見解もある[16]．この立場によれば，結果的加重犯の共同正犯を認めるには，基本行為の危険性を基礎づける事情（凶器の存在や共同者の普段からの粗暴性，憤激の程度など）について，共同正犯者において認識されていなければならない．上述④の判例の事案において，当初鰻包丁を携帯していた者ではない別の者が巡査を刺殺したという事情があるものの，鰻包丁を携帯していくこと自体については全員の合意があったと考えられるのである．逮捕を免れるために凶器を用いることについて黙示の意思連絡があったと認めることは一応可能ではあるものの，たとえば当初から凶器の使途が財物奪取のための暴行・脅迫に限定されていたのに，その目的外に使用された場合には，結果的加重犯の成立を否定することが考えらよう．たとえば，縄で被害者を縛り上げて暴行するという計画であり，縄の携行に内在する強盗の凶悪性は，被害者を抵抗できないようにしたうえで暴行を加える点に示されるところ，縄を渡された共犯者が，逃亡の途中，縄をふり回して追っ手を追い払おうとしたが，縄をよけようとした追っ手が転倒して負傷したような場合などが例としてあげられる[17]．しかしながら，通常の事案（上述の判例①）は，強盗の実行中の殺害が問題となり，しか

---

15) 山口厚＝川端博「〈対談〉結果的加重犯の現状と課題」現刑5巻4号（2003年）27頁.
16) 井田良『刑法総論の理論構造』（成文堂，2005年）426頁以下.
17) 内海朋子「判批」刑法判例百選Ⅰ第7版（2014年）160頁.

も，殺害行為をした者以外の共謀者も現場に居合わせているのに対し，本件（及び判例②）は，共謀した強盗が既に終了した後に他の共謀者が居合わせないところでなされた殺害が問題となっている点に特徴があろう[18]．

過剰な行為はあったものの，その事実が量刑において考慮されたものとして，⑥函館地判平成20・4・10（裁判所ウェブサイト）がある．これは，被告人両名が，他の共犯者2名と共謀の上，被害者から所持品を強取するとともに，その際の暴行によって被害者を死亡させ，その死体を遺棄した強盗致死，死体遺棄の事案である．「被告人ら4名の暴行は，財物奪取を目的としたものではあるものの，被害者に対する制裁という意味合いもあり，典型的な強盗致死罪とはやや異なるものである．また，被告人両名による暴行が致命傷となったとは認めがたく，被告人両名にとって，共犯者であるCが被害者を頭部から落下させるという危険な暴行を加えたことは予想外であったことが認められる．」共犯者であるCが被害者に数回柔道技をかけ，背負い投げにより頭部から畳に落下させるなどの危険な暴行を加えたことは予想外であったことなどの事情を考慮して，裁判所は被告人Aに懲役22年，被告人Bに懲役16年を言い渡した．共犯者Cが勝手に被害者を頭部から落下させるという過剰な行為をし，それによって被害者は死亡したのであるが，被告人A・B両名に強盗致死罪が成立していることから，共謀自体は認定されていると考えられる．もっとも，結果的加重犯であることから，上述判例①をはじめとする判例においても認められているように，強盗の機会に共犯者が行った暴行により被害者が死亡した場合にはその結果は他の者にも帰責されるだろう．しかしながら，「共犯者であるCが被害者を頭部から落下させるという危険な暴行を加えたことは予想外であったことが認められる．」という認定がなされ，そしてかかる認定は量刑事情として考慮されているのである．「予想外であったこと」は，通例，共謀の範囲外であることを意味しうるところ，本件においては強盗における結果的加重犯類型の検討が先行し，これによって共

18）藤木英雄「判批」刑法判例百選 I 第1版（1978年）176頁．

同正犯が認められているのである．これは，東京高判平成14・12・25が，法定的符合説に依拠し，意図していなかった客体について故意を認めるならば，量刑上，刑を重くする方向でその故意を考慮してはならないとしたことと類似する論理を用いていると思われる．つまり，同判決においては，本来ないはずの故意が法定的符合説により擬制されており，その分，量刑では軽くなるという論理である．本判決においても，本来存在しないはずの共謀（危険な暴行を加えること）が認められ，量刑においてその点が加味されて酌量減軽されているとも考えられる．

　過剰な行為につき具体的に「予想外であったか否か」を判断しているものとして，⑦大阪地判平成24・4・25（LEX/DB 25481186）がある．これは，被告人が，Aと共謀の上，被告人の子であるBに対し，代わる代わるその身体を多数回殴りつけ，さらに，被告人が，Bを突き飛ばして後方に転倒させ，その後頭部付近を布団又は畳に打ち付け，Aが，Bの身体を持ち上げた上，布団の上に放り投げてBの頭部等を布団に打ち付けるなどした暴行により，翌日，上記傷害による脳幹部出血等により死亡させた事案である．裁判所は，「Aの放り投げ行為は，被告人らによる一連の暴行の中で，同じ動機に基づいて行われたものであり，被告人にとって予想外のものであったということはできず，被告人とAの間で通じあった意思内容と全く異なる暴行であったということもできず，Aの放り投げ行為は被告人との間の共謀に基づいたものであり，被告人は傷害致死の責任を負う」と判示した．その際，弁護人は，「死因となった傷害を引き起こしたBの放り投げ行為は，被告人にとって全く予想外の出来事であり，被告人とBの間の暴行の共謀の範囲外のものである」と主張したが，裁判所は，「Bの放り投げ行為は，被告人らによる一連の暴行の中で，同じ動機に基づいて行われたものである．また，放り投げ行為に気付いた被告人はBに対して何ら注意せず，さらに暴行を加えている．これらの事情からすれば，Bの放り投げが被告人にとって予想外のものであったということはできず，被告人とBの間で通じ合った意思内容と全く異なる暴行であったということもできない．よって，Bの放り投げ行為は被告人との

間の共謀に基づいたものであると認められ，被告人は傷害致死の責任を負う．」と述べている．まず第一に，「同じ動機に基づいて行われた」ことが認定されている．第二に，「予想外のものであったということはできず，通じ合った意思内容と全く異なる暴行であったということもできない」という判示の文言からは，接続詞が使われていないこと，および，「も」という助詞が用いられていることから，2つの認定がなされていると思われる．すなわち，「予想外ではなかった」こと，そして「通じ合った意思内容と全く異なる暴行でなかった」ことである．動機が同一であり，過剰な行為が予想でき，暴行が質的に当初のものと同じである場合に，共謀に基づいたとされているのである．

(2) 共犯者が別の犯罪を行ったもの

⑧最判昭和25・7・11（刑集4巻7号1261頁）は，教唆犯の事案につき，「被告人AはBに対して判示X方に侵入して金品を盗取することを使嗾し，以て窃盗を教唆したものであって，判示日備電氣商会に侵入して窃盗をすることを教唆したものでないことは正に所論の通りであり，しかも，右Bは，判示C等三名と共謀して判示日備電氣商会に侵入して強盗をしたものである．しかし，犯罪の故意ありとなすには，必ずしも犯人が認識した事実と，現に発生した事実とが，具体的に一致（符合）することを要するものではなく，右両者が犯罪の類型（定型）として規定している範囲において一致（符合）することを以て足るものと解すべきものであるから，いやしくも右Bの判示住居侵入強盗の所為が，被告人Aの教唆に基いてなされたものと認められる限り，被告人Aは住居侵入窃盗の範囲において，右Bの強盗の所為について教唆犯としての責任を負うべきは当然であって，被告人Aの教唆行為において指示した犯罪の被害者と，本犯たるBのなした犯罪の被害者とが異る一事を以て，直ちに被告人Aに判示Bの犯罪について何等の責任なきものと速断することを得ないものと言わなければならない．」と判示しつつも，「原判決の趣旨が果して明確に被告人Aの判示教唆行為と，Bの判示所為との間に，因果関係があ

るものと認定したものであるか否かは頗る疑問であると言わなければならないから」とし，差し戻した上で教唆行為と結果との間の因果関係の存在に疑問を呈している．ここでは，共犯の錯誤（ないし過剰）が生じているものの，「他人の家に侵入して窃盗をする」という認識はあったことから，法定的符合説によって，同一構成要件内の具体的事実の錯誤において法定内で符合があるとして故意を認めている[19]．しかしながら，故意よりも前に因果性（因果関係）の認定に問題があると述べているのである．

実行行為者の行為が事前の謀議に基づいたとはいえないとされたものとして，⑨東京高判昭和58・7・13（高刑36巻2号86頁）がある．高裁は「群馬部隊参加者の一部に機動隊員殺害の意思があったにせよ，前記のとおり，A5，A15に殺意があったとは言えず，A6，A2についても，殺意があったとするには躊躇を覚えざるを得ないところである．また群馬部隊以外の本件集団に属する者についても，前示からすれば，同集団が被告人Y1のアジ演説に呼応したことをとらえて，直ちに，全体として，事前に機動隊員殺害の共謀があったと推認するのは困難である．以上述べて来たところを総合すれば，事前における共謀が，共謀者間における合意を必要とする以上，被告人Y1，同Y2及び本件集団の一部の者に機動隊員を殺害する故意があったにせよ，同集団に属する者全体の合意としては，機動隊員に対する傷害の範囲に止まり，到底，事前に，これに対する殺害の共謀があったとまで言うことはできない．すなわち，本件集団に，機動隊の阻止線を突破することを予測しての殺意があったとは考え難いところであり，またゲリラ活動の際に，機動隊員を殺害し得る状況の現出すべきことは，可能性としても稀有の事態であるから，本件集団の合意として，こ

19) 同様のものとして，大阪高判昭和28・11・18日（高刑6巻11号1603頁，判時25号25頁）がある．これは，行為者が別居の親族の所有物であると誤信して実際には親族でない者の所有物を窃取した事案である．高裁は，「財物の所有者たる他人が別居の親族であるとの錯誤は窃盗罪の故意の成立を阻却するものではなく……罪となるべき事実に関する具体的の錯誤が存するけれども，他人の物を他人の物と信じたことは相違がなく，その認識とその発生せしめた事実との間には法定的事実の範囲内において符合が存するから，右の錯誤を以て窃盗の故意を阻却するものということができず」と判示している．

れを予測しての殺意があったとも言い難い.」と判示した.判示中の「すなわち」以下では，①殺意がなかったという事実，②機動隊員を殺害し得る状況が現出する可能性について検討され，これらが「合意」という枠組みにおいて判断されている．この「合意」とは共謀のことであろうと思われる．

　実行行為者が事前の謀議の範囲を超えるような行為に出た事案として，⑩名古屋高判昭和59・9・11（判時1152号178頁）がある．高裁は「被告人と右Ａ，Ｂ及びＣ等との共謀の内容をなす被告人の犯意は，右Ｄを逮捕連行して相当期間右合宿所に監禁することはもとより，監禁行為を遂行継続するために通常予想される有形力の行使をも含むものと認めるのが相当であるとはいえ，それ以上に，被告人が，右監禁行為に随伴するものとして通常認識予見し得ないような暴行及びこれに起因する傷害についてまで右共謀による責任を認めるのは相当でない．……被告人にとって，同月七日の右Ｄに対する前記暴行及びこれに起因する傷害は本件監禁行為に当然随伴するものとして認識予見し得る範囲を逸脱したものであったと認めるのが相当であるから，右Ｄに対する右傷害の点につき被告人の犯意及び共謀に基づいた犯行と認定した原判決にはこの点において事実誤認の違法がある」と判示した．「監禁行為に随伴するものとして通常認識予見し得ないような暴行及びこれに起因する傷害についてまで右共謀による責任を認めるのは相当でない」という部分からは，実際に起きた行為および結果が，共謀した犯罪に随伴する行為および結果であるか否か，という点で共謀の射程が判断されていることが看取できよう．

　さらに，共謀の射程に関する重要な判断が読み取れるものとして，⑪東京高判昭和60・9・30（刑月17巻9号804頁，判タ620号214頁）がある．これは，輩下の者と被害者拉致の謀議をした暴力団組長について，拉致に失敗した輩下の者らが被害者の殺害を謀議して実行した場合，両謀議の間に同一性・連続性が認められないとして，殺人の共謀共同正犯が成立せず，傷害致死の責任も認められないとした事例である．被告人は，本件当時Ｚらとは全く接触しておらず，本件犯行現場に赴くことすらな

かったため，共謀共同正犯が成立しない場合には刑責を問えないことから，実行者と被告人との共謀の成否が争点となった．本判決は，被告人と直接接触した関係者はBCだけであるから，「被告人を含む共同謀議があったとすれば，少なくとも，イ　被告人とBCとの間の謀議，ロ　BCとA以下との間の謀議の二段階あるいはそれ以上の段階に分かれた順次共謀の形態を取るほかはなく，この場合，各段階に分かれた謀議を併せて全体として一個の共同謀議が成立するためには，当然のことながら，各段階における謀議内容の間に同一性・連続性が保たれていることが必要である」としたうえ，本件証拠を詳細に検討して，①被告人とBCとの間で種々の意見交換があったが，その段階では謀議は成立しておらず，その後被告人とBとの間で，Zを拉致して監禁すること，およびその際暴行を加えて傷害・傷害致死に至ることもあることについての謀議はあったが，それを超えてZおよびその警護者を殺害するまでの謀議はなかったこと，②Zの拉致に関するBとA以下の者との謀議は，被告人とBとの間の合意を超えるものではなく，超える部分があったとしても，それは被告人との間の順次共謀には含まれない別個の新たな共謀であること，③Zの拉致に失敗した後BとA以下がZ殺害の謀議をしているが，これはBが独自にA以下と謀議に及んだものであって，①の謀議とは同一性・連続性を有せず，新たな共謀であること，④被告人はZ拉致についての共謀関係解消の明確な指示をしておらず，なおZ拉致の共謀関係は存続しているから，傷害致死の限度で刑責が肯認されるのではないかとの疑問については，AらによるZ殺害は，客観的にも拉致の謀議に基づいた実行行為中の殺害という類型にあてはまらず，主観的にも，①の謀議に基づいた拉致の実行という意識はなかったこと等を理由として，共謀共同正犯の成立を否定した[20]．

　本事案から，客観的に行為態様自体が共謀の内容に含まれているように見えても，その目的が当初のものと全く異なる場合には，共謀の射程が否

20）水落伸介「共謀の射程について」中央大学大学院研究年報法学研究科編44号（2014年）161頁．

定されうることが看取される[21]. 当該事件において, 被告人は, 対立組織との交渉を有利に進めるという目的の下で暴行を加えてでも Z を拉致する旨を指示したのに対し, 実行担当者らは, 自分達の体面を守るという目的で Z を殺害しており, 事前の共謀と実際の犯行とでは目的（ないしは動機）が異なっているといえる[22]. かかる目的の相違は, 共謀の射程を否定する事情となろう.

この点, 加えて重要なのは⑫東京地判平成 7・10・9（判時 1598 号 155 頁, 判タ 922 号 292 頁）である. これは, 被告人（女性）が共犯者 A 男・B 子から誘われ, 飲食店経営者に睡眠薬を飲ませて金品を取るという昏酔強盗の計画に加わり, 三名でスナックに入って経営者 V にビールを勧め, B 子が睡眠薬を V のグラスに入れて飲ませたものの, V が眠り込むには至らなかったため, A 男が待ち切れずに V に暴行を加えて傷害を負わせた後, A 男, B 子が V 所有の金品を奪い, 被告人も B 子に促されて金品を奪ったという事案である. 裁判所は「確かに, 被告人は, 前記のとおり, A 男が V に暴行を加えた際, それが財物奪取の手段であることを認識しながら, これを制止せず, 同人が気絶した後, A 男らと共に V から財物を奪った事実が認められる. しかし, 被告人は, 当初の段階では, 飲食店経営者に睡眠薬を飲ませて眠らせた上で金品を取るという昏酔強盗の計画を持ち掛けられてそれに加わっただけであって, 被害者が昏酔しない場合に暴行脅迫を加えてでも財物を強取するかどうかについての謀議まではなされておらず, また, その点を予測してもいなかった. しかも, A 男は, 被告人らに謀ることなく, いきなり V に暴行を加えているほか, 被告人自身は, V に対して何ら暴行脅迫を加えていない. その当時の心境について, 被告人は, 『まさか相手に怪我をさせるとは思わなかった. A 男が暴行を加えるのを見てびっくりした.』などと供述しているが, 被告人がその日に初めて A 男らから昏酔強盗の計画を持ち掛けら

21）橋爪隆「共謀の射程と共犯の錯誤（特集つまずきのもと刑法）」法学教室359号（2010年）23頁.
22）同様の指摘をするものとして, 中森喜彦「判批」判評400号（1992年）62頁.

れてそれに加わった経緯や，A男が被告人に謀ることなくいきなりVに
暴行を加えるに至った状況等に鑑みると，被告人の右供述もあながち虚偽
とはいい切れない．これらの事実からすれば，被告人は，A男がVに対
して暴行を加え始めるまでの時点において，昏酔強盗の計画が暴行脅迫を
手段とする強盗へと発展する可能性を認識していたとは認められず，ま
た，A男が暴行を加えている時点においても，右暴行を認容してそれを自
己の強盗の手段として利用しようとしたとまでは認められないので，被告
人とA男らとの間に暴行脅迫を手段とする強盗についての意思連絡が
あったと認定することはできない．以上のように，被告人にはA男らと
の間で暴行脅迫を手段とする強盗の共謀が成立したとは認められないの
で，右共謀の存在を前提として強盗致傷罪の責任を負わせることはできな
い．」と判示した．本判決は，傷害の結果を昏酔強盗の機会における傷害
と解することもできないと述べており，その背景には，本件において昏酔
強盗の具体的な方法まで事前に話し合われていた事実，および昏酔強盗と
狭義の強盗との手段方法の質的な差異への考慮があったものと推察され
る[23]．そして，本判決は，後行行為者が先行行為者の行為と結果を自己の
犯罪遂行の手段として積極的に利用したといえるか否かを問題としてお
り，後行行為者は反抗抑圧状態を積極的に利用しているから，強盗の共同
正犯としての責任を負うが，傷害の結果まで積極的に利用したとはいえな
いから，致傷の責任を負わせるのは個人責任の原則に反するとしている．
かかる説示から，裁判所は本件を承継的共同正犯の問題と捉えていると解
される．昏酔強盗の計画が暴行脅迫を手段とする強盗へと発展する可能性
を認識していなかったという事実も重要であるが，本件は目的とする客体
は同一であるものの，行為態様が異なった事案であることも注目すべきで
ある．このように客体が同一であったとしても，当初の共謀（すなわち行
為者の故意の内容）である「昏酔を手段とする強盗の計画」に鑑みれば，

---

23) 本判決に詳細な検討を加えるものとして，水落・前掲注（20）・161頁，および斉藤誠二「いわ
　　ゆる承継的共同正犯の成否」法学新報105巻4・5号（1999年）321頁を参照．

実際の「暴行脅迫を手段とする強盗」は故意の内容（計画）から逸脱していると考えられる．つまり，このように強盗罪においても，「昏酔を手段とする強盗」と「暴行脅迫を手段とする強盗」とは異なる評価を受けるのである．この限りでは，「およそ強盗する目的」という抽象的な故意は観念し得ないだろう（もっとも，単純強盗罪と昏酔強盗罪は異なる構成要件であることには留意が必要である）．したがって，法定的符合説は本件のような錯誤（過剰）の場面では適用され得ないのである．

暴行の手段に関し判示するものとして，⑬千葉地判平成 19・5・21（裁判所ウェブサイト）がある．これは，被告人 B が，D，E，F，G，H 及び I と共謀の上，被害者 O の顔面，胸部及び背部等を多数回手拳で殴打し，足蹴にする暴行を加え，その後，被告人 A，同 C 及び J とも共謀を遂げ，ここに被告人 3 名は，D らと共謀の上，O に対し，その顔面を手拳で殴打し，J 及び E が，O の背部に熱湯を掛け，E らが覚せい剤水溶液を O の身体に注射するなどの暴行を加え，よって，同人に背部熱傷等の傷害を負わせ，同人を熱傷性ショック等により死亡させたという事案である．被告人 C は，O に対する熱傷行為は暴行の共謀の範囲に含まれず，さらに，O の死亡結果は熱傷行為のみによって生じたものであるから，O の死亡について，責任を負わない旨主張したのに対し，裁判所は「しかしながら，被告人らは，被告人 C も含めて，襲撃計画の内容を聞き出すとともに私的制裁を加えるため，監禁中の O に対し，こもごも，殴る蹴るなどのほか金属バットで胸部を殴打するなどの一方的かつ執拗な暴行を加えていたところ，J 及び E の熱湯を掛ける行為もこの目的に沿ってされたものと解される一方，共謀の範囲が一部の暴行態様に限定されていたとも認められないから，熱傷行為についても共謀の範囲に含まれる．」とした．

「この目的に沿って」と判示していることから，仮に行為態様が実際に予想されていないものであったとしても，共謀の範囲が一部の暴行態様に限定されていなかったならば，目的が同一である以上，その行為についても共謀の範囲に含まれるとしたものと思われる．

動機・目的に鑑みて共謀を判断しているものとして，⑭東京高判平成

21・7・9（LEX/DB 25505075）がある．これは，被告人が，第1現場において，C，Dと共謀の上，被害者Bに暴行を加え，その後，第2現場および第3現場においてC，DがBに暴行を加え，Cを死亡させたことにつき，原判決が，第2現場および第3現場におけるC，Dの暴行について被告人に共謀共同正犯が成立するとしたうえで，第1現場における暴行について同時傷害の規定を適用したため，控訴した事案において，原判決に，判決に影響を及ぼすことが明らかな事実誤認ないし法令の解釈適用の誤りは認められないとして，控訴を棄却した事例である．高裁は「上記の事実によれば，C，D及び被告人は，第1現場に到着した時点で，それぞれ，被害者のE会への移籍という不義理や，Cへの借金の理由を偽っていたことについて共通の認識を有し，被害者に対し強い憤りの気持ちを抱いていたことが認められ，遅くとも，第1現場で被告人及びDが被害者に暴行を加え始めCがこれを黙認した時点において，被告人，C及びDの間で，被害者の不始末に憤り，これに対する組の制裁などとして，被害者に暴行を加える旨の共謀が成立したことが認められる．そして，被告人は，第1現場での被害者への暴行を終え，第2現場に移動するに際し日本刀を取りに自宅に戻った時点においては，むしろFとの関係に関心の中心が移行し，被害者に対し継続して暴力を加える積極的な意図までは有していなかったものと認められるが，Cらが第2現場に移動することになったのは第1現場周辺に人が集まってきたためで，被害者への制裁が完了したためではなかったこと，被告人以外の者らは全員第2現場に移動していること，被害者への最終的な処分は未だ決していなかったこと，Fとの話は被害者のE会への移籍という不義理と表裏一体の関係にあり，その点の決着がまだついていなかったことなどからすれば，被告人が第1現場から立ち去った時点において，CやDがなおも被害者に対し組の制裁として暴行を継続するおそれは消滅していなかったものと認められる．そして，被告人は格別これを防止するなどの措置を講じていないのであって，被告人とC及びD間で第1現場において形成された共犯関係が上記時点において解消したということはできない．そして，第2現場へ

の移動の上記経緯や，第2現場でのDの被害者への暴行が被害者への組の制裁として行われていることにも照らせば，同暴行は当初の共謀の範囲内にあるものといってよく，第2現場におけるDの暴行について，被告人に共同正犯の成立を認めることができる.」と判示している．高裁は「被告人らの間に成立した共謀によって，被告人がどの範囲の暴行につき責任を負うことになるのか，という点が検討の対象となっている」と明言している．そして，共謀の内容につき，「被告人，C及びDの間で，被害者の不始末に憤り，これに対する組の制裁などとして，被害者に暴行を加える旨の共謀が成立した」と認定され，その上で問題となった第2暴行について，「第2現場でのDの被害者への暴行が被害者への組の制裁」であると認定されていることに鑑みれば，「被害者への組の制裁」という共謀内容の目的・動機が，第2暴行においても維持されているか，という点で共謀の範囲か否かが判断されているということが看取される．

　同様に，動機・目的により共謀が判断されたものとして，⑮福井地判平成25・7・19（LEX/DB25482369）がある．これは，共犯者2名とともに以前より常習的に暴力的制裁を加えていた被害者に対して被告人が第1暴行を加えた後，共犯者らにおいて被害者に対して第2暴行を加え，被害者を死亡させた上でその遺体を遺棄したとして起訴された事案において，終了した第1暴行の後に行われた第2暴行については共犯者らとの共謀はないとされた事例である．裁判所は「上記認定事実によれば，C及びDは，Eが本件駐車場に到着しても車から降車しようとしなかったことに腹を立てて第2暴行に及んだものと認められるが，D宅を出発した時点のEの言動に照らすと，そのような事態が本件駐車場において発生することは，第1暴行終了時において被告人らには全く予期していなかったことである．その意味でも，第2暴行の動機や目的は，第1暴行とは大きく相違するといえる.」と判示しており，共犯者と被告人それぞれ個別に行為時における動機を検討している．「第1暴行終了時において被告人らには全く予期していなかったことである．その意味でも，第2暴行の動機や目的は，第1暴行とは大きく相違するといえる.」という文

言からは，「第2暴行を予期していなかった」という事実を根拠に，第2暴行と第1暴行とは，動機ならびに目的が異なると認定されていると読み取れる．

2.　小括

　裁判例③の「構成要件的故意は，本来行為者が認識した構成要件の枠内でのみ認められ，行為者の認識していた構成要件的故意の枠を越えた故意犯の成立は認められないのが原則であり，例外として同質で重なり合う構成要件間の錯誤においては，その重なり合う限度で軽い罪の構成要件的故意を認めることができるにすぎない」という部分から，第一に，共犯の過剰が，体系上，構成要件的故意の問題であることが看取される．第二に，このことを基礎に共謀の有無を論じていることから，裁判所は（共謀の内容と故意に必要な認識が重なるという意味で）「構成要件的故意≒共謀」であると考えているように思われる．第三に，これに先行して，客観的構成要件要素として，共犯の実行行為と結果との間に因果性が存する必要があることが看取される．判例⑧のように，因果性が存しないような事案は，共謀（すなわち構成要件的故意）の認定に移るまでもなく，過剰な行為（の結果）はその者に帰責されないのである．

　しかしながら，裁判例⑥において，他の共犯者が勝手に行った危険な暴力行為についての故意は，本来存しないはずであるところ，かかる故意が認められ，量刑においてその点が加味されて酌量減軽されているのである．このことから，上述判例①をはじめとする判例においても認められているように，重い結果発生について類型的な危険を有している基本犯の行為を共同実行する以上，結果的加重犯の共同正犯が認定されるのである．したがって，結果的加重犯である強盗罪において，強盗の機会に共犯者が行った暴行により被害者が死亡した場合にはその結果は他の者にも帰責されるという規範が，事実的な故意に優先し，構成要件的故意（≒共謀）を擬制するものであると考えられるのである．また，結果的加重犯における構成要件的故意は基本犯のもので足りるという結果的加重犯の特殊性も，

かかる故意の擬制の一因であろうとも考えられる．つまり，これら（結果的加重犯の規範および特殊性）において，原則的に基本犯の行為をなす者は，類型的に結果的加重犯たる結果が予見できるであろうと判断されているのである．

次に，裁判例⑫について，客体が同一であったとしても，当初の故意である「昏酔を手段とする強盗の計画」に鑑みれば，実際の「暴行脅迫を手段とする強盗」は故意から逸脱していると考えられる．つまり，このように強盗罪においても，「昏酔を手段とする強盗」と「暴行脅迫を手段とする強盗」とは異なる評価を受けるのである．この限りでは，「およそ強盗する目的」という抽象的な故意は観念し得ないだろう．行為態様の質的な差異は罪名によって判断されるべきである．つまり，昏睡と暴行脅迫は行為態様が質的に異なってと判断できるが，それは罪名（罪質）を異にしているからである．

そして，裁判例⑪については，行為者が対立組織との交渉を有利に進めるという目的の下で暴行を加えてでもZを拉致する旨を指示したのに対し，実行担当者らは，自分達の体面を守るという目的でZを殺害しており，事前の共謀と実際の犯行とでは目的（ないしは動機）が異なっていることから，共謀が否定されるのである．このように，下級審においては，客観的に行為態様自体が共謀の内容に含まれているように見えてもその目的が当初のものと全く異なる場合や，被害客体が同一ではあっても共犯者が共謀とは異なった行為態様をとった場合には，共謀の射程が否定されている．したがって，法定的符合説はこれらの錯誤（過剰）の場面では適用され得ないのである．動機・目的は行為者の行為計画によって判断される．行為計画は，一部では「共謀」内容となり，一部では自分の内心に留まる「動機」となるのである．

実務においても，第1暴行と第2暴行とが全く異質の暴行であれば，共犯関係の解消という議論以前に，第2暴行が共謀に基づかないもので

あると判断されている²⁴⁾. その上で，暴行が全体として一続きの暴行で
あったか否かで，過剰な行為が当初の共謀に基づいたものであるかどうか
を判断するとされる. その際には，①時間・場所，②状況・態様・動機，
という事実を考慮するとされる²⁵⁾.

　以上の考察を基に上述した判例及び裁判例を分類すると，以下のように
なる.

　第一に，動機・目的の同一性（連続性）を判断しているもの，これは，
裁判例⑦，裁判例⑪，裁判例⑫，裁判例⑬，裁判例⑭，裁判例⑮である.
第二に，過剰行為の予見可能性（随伴性）を判断しているもの，これは裁
判例⑨，裁判例⑩，明示的ではないが，潜在的には，判例①，判例②，裁
判例⑤である. 第三に，行為の質的同一性（すなわち，罪名・罪質の同質
性）を判断しているもの，これは裁判例⑦，裁判例⑫である.

　これらの3分類のうち，一つをとって，共謀を否定するもの（たとえ
ば，裁判例⑪），2つを判断しているもの（たとえば，裁判例⑮）なども
散見される. したがって，これら3類型の内容は，いずれも共謀の範囲
を画定する一要素に過ぎず，どれかの要素に比重が置かれているわけでは
ないと考えられる. また，これら3類型の内容は，全て行為者の主観面
である「行為計画」によって画定され得るものである. このように，共謀
については，動機・目的の同一性（連続性），過剰行為の予見可能性（随
伴性），行為の質的同一性を考慮して，過剰な行為が共謀の範囲にあった
か否かが判断されるべきであり，これらは行為者の行為計画であるので，
共謀とは，行為者の行為計画に基いて，故意の内容と重なる部分を用いて
判断されるものなのである.

　したがって，共犯の射程を論じる際には，行為計画に基づいた故意の考
慮が必要であると考えられる. かかる考慮の手がかりとするため，次項で

24）渡辺裕也「実例捜査セミナー Since1988 共犯者の行為についてどこまで罪責を負うのか：傷害
　致死罪の実行共同正犯において，共犯関係の解消の有無が問題になった事例」捜査研究64巻5
　号（2015年）51頁を参照.
25）渡辺裕也・前掲注（24）・52頁.

は，「共通の行為計画」を共同正犯の基礎に置いているドイツの議論を参照することとしたい．

Ⅲ ドイツにおける共犯の過剰および共犯の錯誤

　ドイツでは刑法 16 条において「構成要件に属する行為事情」を認識することが故意であるとされている[26]．また，故意においては，現実に発生した具体的な因果経過を認識する必要があるとされている[27]．しかしながら，日本では，刑法 38 条 1 項で「罪を犯す意思」と表現され，ドイツのそれとは異なっている[28]．したがって，基盤となる刑法における故意の概念が異なっているため，ドイツにおける故意・錯誤の議論を直ちに日本に援用することには抵抗がある．しかしながら，前章までで論じてきた通り，ドイツでも日本と同じような錯誤の議論，すなわち法定的符合説と具体的符合説の対立がある．第 1 章で触れた通り，日本とは異なり，ドイツにおいては具体化説（Konkretisierungstheorie）が通説である[29]．そして，近年多く主張されている有力説としては等価値説（Gleichwertigkeitstheorie）が存在する[30]．具体化説は日本の具体的符合説と見なすことができ，等価値説は日本の法定的符合説にあたるといえるが，日本の状況とは逆に，ドイツでは具体化説（≒具体的符合説）が判例・通説となっている．また，

---

26) StGB § 16（1）「行為遂行時に法定構成要件に属する事情を認識していなかった者は，故意に行為したものではない．過失による遂行を理由とする処罰の可能性はなお残る．」

27) Kindhäuser, Nomos Kommentar zum StGB,5.Aufl.2017,§ 16 Rn33. 通説は，「実際に当たった行為客体の侵害が，行為者の故意によって包括されていない場合」を因果経過の錯誤として扱う．客体の錯誤との違いは，行為者は，具体的な行為客体に関して，なんら個別性の錯誤の影響下になく，他の行為客体をもって，他の因果経過を予測しているということである．

28) ドイツにおける共犯の過剰について詳細に検討を加えるものとして，長井長信「共犯の過剰について（二）（法学部創設 20 周年記念号）」南山法学 20 巻 3/4 号（1997年），157 頁以下，および「共犯の過剰について（三）完」南山法学 21 巻 2 号，（1997年）1 頁以下．

29) 本書第 1 章などを参照．

30) 本書第 1 章などを参照．

共犯に関しては等価値説を採用していることが重要である[31]．このように，同じ図式であるドイツの錯誤と故意についての議論と研究を参照することは日本にとって価値があるといえよう．共同正犯の過剰（Mittäterexzess）については，古くは Maurach が，質的過剰（Qualitativer Exzess）と量的過剰（Quantitativer Exzess）に二分して解釈しており，日本の議論と同様の発展が見られる[32]．以下では，共犯の過剰・錯誤のリーディングケースとされる BGH の 1954 年判決をはじめとし，判例を概観し，共犯の過剰・錯誤がどのように取り扱われているかを検討する．

1.　判例および裁判例（①〜⑥）

　① 1954 年判決（BGH, 28.09.1954 - 1 StR 445/54）[33]

　事実は以下の通りである．被告人 B と M 及び S は，Crailsheim においてキオスク店への強盗（kioskraub）を共謀したものの，B は実行に参加せず，M に犯行に必要な衣服やナイフを調達した．その後，M と S は，通りが明るかったのでキオスク店への襲撃を断念し，Nürnberg へ帰ることにした．そして彼らは，夜間の急行の列車内で強盗を行うことにし，当該ナイフ等を用いて暴行を伴った強盗をなし，R を殺害した．BGH は被告人 B に対し，特に重い強盗（besonders schwerer Raub）の幇助罪を言い渡した．被告人 B にとっては，いつ，どこで自身の目的である強盗が実行されるかについてどうでもよかったと認定されたのである[34]．また，致死罪にならないのは，B が，強盗において被害者の生命が失われることまでを考慮に入れていたかどうかの認定が不十分であるとされた[35]．

　「Crailsheim におけるキオスクへの強盗」を共謀の内容とすると，「Nürnberg へ向かう夜間急行列車における強盗」は共謀の内容を超える

31）Rose-Rosahl-Fall. 本書第2章を参照のこと．

32）Maurach/Gössel/Zipf, Strafrecht, AT 2, 8. Aufl., 2014, §51 Rdn.44ff.

33）bei Dallinger MDR 1955, 143; BGHSt 11, 66.

34）Busch in LK 13. Aufl., 2019, §49 Rdn. 14.

35）Cramer in Schönke/Schröder, 30. Aufl. ,2019, § 27 Rdn. 19, 27.

（ないしは逸脱する）と考えられるところ，被告人 B は，キオスク強盗を共謀する際に，具体的な強盗場所について何ら意見を持たず，専ら結果のみを志向していたことから，被告人 B には，強盗についての概括的故意が認定されたと思われる．本判決については，共同の行為決意および行為計画には概括的かつ不確定な性質が存すると批判されている[36]．

　② 1986 年判決（BGHSt 34, 63）は，共犯の過剰について判例の立場を変更した[37]．これは，行為者が現金を欲しがっている者（W）に対して「それならば銀行かガソリンスタンドをやるしかないだろう」と返答したところ，その者が銀行強盗を行った事案である．被告人が知人 W と会った際，W は父親とけんかをした後であり，リボルバー銃を携帯し，自動車に乗って家出をしていた．外国に行こうと思っていると W から告げられた被告人は，金を持っているかと尋ねたところ，W は持っていないと答えた．被告人は W に対し，持っている自動車かリボルバー銃を売却するよう提案したが，W は，リボルバー銃は売りたくない，自動車は売ることができないと答えた．そこで被告人は，W に「それならば，君は銀行かガソリンスタンドをやらなければならない」と述べた．

　BGH は，「教唆は正犯行為の有する本質的なメルクマールを認識してそれを促進する者に限られる」とし，「所為の客体の種類（Gattung）によってのみ限定されているような特定では足りない」として強盗的恐喝に対する教唆の成立を否定した．従来の判例が，ライヒ裁判所時代から通じて，教唆の特定性を必要としながら，その程度をかなり緩やかに解してきたのに対して明確に限定が試みられたといえる．かかる限定をどのように説明するかにつき，学説上の議論が盛んになった．Herzberg は，教唆行為が許されない危険を創出した場合に，教唆者が責任を負うと主張する[38]．その上で，本件につき「銀行またはガソリンスタンドをやらなけれ

36）Baumann/Weber/Mitsch/ Eisele, Strafrecht, AT, 13.Aufl.,2021 , § 29 Rdn.108.

37）当該判例に詳しいものとして，中村雄一「西ドイツ刑事判例研究（31：教唆における行為の特定）比較法雑誌22巻3号（1988年）95頁．

38）Herzberg, Anstiftung zur unbestimmten Haupttat–BGHSt 34, 63, JuS 1987, S.61.

ばならない」と言うだけでは，W が金員を手に入れる機会や，その機会に W が金を手に入れようと試みる危険を増大させていない．被告人の発言は動機付けの力としては小さく，その危険は法的に無視し得ると述べている．Jakobs も，正犯行為の特定という観点にも言及しつつ，被害者の質問に対し，それなら自動車を売るか，銀行もしくはガソリンスタンドの襲撃を計画するようにと答える者は，許されない危険を創り出していないと述べている [39)]．Dreher は，「教唆者の教唆行為もその故意と同様に具体的な所為へと向けられていなければならない」と指摘し，共犯は具体的な正犯行為への関与をその本質とするのであるから，そのような具体的な正犯行為の認識を教唆者が有していることが必要であるとし，具体化されていない所為への決定付けを教唆とみるならば，共犯過剰の限界を確定できず，共犯の従属性を維持できないと述べる [40)]．正犯行為についての認識が不特定のものでもよいとすると，結果として正犯がどのような犯罪を犯すことになっても，広く教唆者に共犯としての責任が認められることになり，「共犯の過剰」という問題は生じないことになる．

　したがって，Dreher は教唆者の故意において，正犯行為について最低限度の具体化が不可欠であると主張するのである．これに対して Roxin は，所為の対象となる客体にどの程度の被害をもたらしたかが「不法の本質的な次元（wesentliche Dimensionen des Unrechts）」として確定される必要があるとし，教唆者もその点につき表象していなければならないとする．彼は，損害の程度や侵害の手段・方法を「不法の本質的な次元」の中に取り入れる一方，客体，場所，時間による具体化は不要であると述べる [41)]．

　これらの種々の学説（主観的共犯論ないし行為支配論等）おいても，基本的に，共同正犯において「共同の行為計画（gemeinsamer Tatplan）ないし共同の行為決意（gemeinsamer Tatentschluss）が必要と解されてい

39）Jakobs,Strafrecht AT, 2.Aufl.,1991,24.Abschn. Rdn.17.

40）Dreher, der Paragraph mit dem Januskopf, FS für Gallas, 1973, S.318.

41）Roxin，Anmerkung zum Urteil des BGH vom 21. 4.1986（BGHSt 34, 63），JZ 1986, S. 908.

る[42]．また，故意についても，必ずしも全ての関与者が相互に認識している必要はなく，他の者が共同している事を認識すれば足りるとされている[43]．また，共犯者の一人が過剰な行為を行い，故意の範囲（ないし相互理解）を超えた場合には，原則的にその者のみが過剰部分についての責任を負うとされる[44]．

　狭義の共犯に関しては，「共同の行為計画」とは異なり，犯罪に関する行為計画を教唆者が正犯者に伝えることが必要とされ，たとえ同一構成要件内において，犯行の日時や場所，犯行の行為態様について錯誤があっても，それは重要でない（因果経過の）逸脱として当該行為者の責任は否定されないとされている[45]．「共謀」とは厳密には異なるものの，狭義の共犯も互いの行為の認識から逸脱するか否かが検討され，故意の内容と重なるため，狭義の共犯も扱う．

　③ローゼロザール事件〔GA Bd. 7,332〕[46] は教唆犯が問題になった事案である．これは，材木商である Rosahl が自身の使用人である Rose に対して，金銭供与の約束の上「一定の時間に森の中を通る大工職人Schliebe を殺すように」と教唆したが，Rose は，実際にたまたま森の中をその時間に通りかかった Harnisch を Schliebe だと思って射殺してしまったという事案である．ここで，プロイセン最高法院は，「教唆者の可罰性は……依頼した被教唆者の行為に左右される．ただし，被教唆者が教唆された以上のことないしは別のことをなした場合，これらの過剰は教唆者には帰属されないのである．しかしながら，本件のように，雇われた被

---

42) Küpper, der gemeinsame Tatentschluss als unverzichtbares Moment der Mittäterschaft, ZStW105, 1993, S.295ff.

43) RGSt 58, 279.

44) Samson, SK-StGB9, 2017, §25 Rdn,127ff. このように述べた判例としては，RGSt 44, 321 が初めてのものと思われる．

45) Karsten Altenhein, Die Strafbarkeit des Teilnehmers beim Exzess, 1994, S.40. 判例では，RGSt 70, 295.

46) Toepel, Aspekte der Rose-Rosahl-Problematik: Die Perspektive des Hintermannnes, das Blutbadargument und die versuchte Anstiftung, JA 1997, S.344ff.

教唆者である金儲けを目論む殺し屋が教唆者の委託を満足させるために行為した際に錯誤によって人違いをした場合には，かかる過剰は存しないのである．……謀殺の教唆と現実になされた質的に同一である行為との間には因果的な連鎖が存在する．教唆者は被教唆者（正犯者）の人違いによって目的を達してはいないものの，この錯誤は法的に重要ではないのである．」と判示し，教唆は正犯行為に従属するから，正犯者にとって留意されない客体の錯誤については，教唆者の可罰性に影響せず，教唆者の教唆行為の結果として被教唆者が行為の決意をしたときにすでに教唆行為は終了しているので，教唆者の故意は，後の実行行為に及ぶ必要はないとして，Rosahl に謀殺既遂罪の教唆犯を言い渡したのである．この事案については，通説である具体化説に立つと，Rose は客体を取り間違えているので，客体の錯誤により Rose の故意は阻却されず謀殺既遂に，Rosahl にとっては，意図した客体とは違う客体に結果が生じているので，方法の錯誤として故意は阻却されることになると考えられる．しかし，判決において故意が認められたのである．元来，プロイセン最高法院は，正犯者の客体の錯誤の場合，教唆者も客体の錯誤として扱うという論理をとっており[47]，新規性は乏しいものの，等価値説の可能性を見いだせる判例としてなお批判や引用は多い[48]．

　これに対して，等価値説からの基礎づけとは別に[49]，独自のアプローチで判決を支持する者も見受けられた．たとえば，Berner は，行為者が機械的な道具（ピストルなど）を用いて犯罪を犯す場合，仮にその道具に欠陥はあって本来意図された結果とは別の結果が生じたとしても，行為者は当該結果に対する責任を負うのと同様に，背後者（教唆者）が他人を自分

---

47) 近年における解説として，Jan Dehne-Niemann/Yannic Weber, „Über den Einfluss des Irrthums im Objekte beim Morde und bei der Anstiftung zu diesem Verbrechen" – Zum 150-jährigen des Falls Rose-Rosahl. In: J A 2009, 373.

48) Bemmann, Zum Fall Rose-Rosahl, MDR, 1958, S. 817ff.

49) Rosahl は一人の人を殺すよう命じ，Rose は人違いではあるものの，一人の人を殺しており，その結果は Rosahl の意思と合致するという，等価値説的な主張をなすものとして，Mezger, Lehrbuch, 1931, S.437; Frank, Kommentar, 1931, Bem. Ⅲ, 4d nach §48 StGB. など．

の道具と同様に用いて犯罪を犯す際にも，この道具となった者が陥った予期できない不運から生じた結果に対する責任を負うのであるという[50]．また，Loewenheim は，被教唆者の錯誤は教唆者にとって方法の錯誤であるとしつつも，かかる錯誤は新たな決意によって生じたものではなく，したがって，共犯の過剰は存在せず，この方法の錯誤は重要ではなくなるのであるという[51]．このように，ドイツにおいては，共犯は等価値説，それ以外は具体化説という区分けが通説化しつつある．ドイツは，日本と共犯の概念が大きく異なることもあり，また我が国では教唆の未遂の処罰に関して問題があり，統一的な錯誤の処理は難しいといえるだろう[52]．この問題につき，さらなる議論を呼んだのは，判例④である．

④第二次ローゼロザール事件（BGH, 25.10.1990 - 4 StR 371/90)[53]．事案は以下の通りである．被告人は，農場の使用権の委譲に関する争いなどによって，自分の息子 M を殺害しようと決心した．しかし，諸般の事情で自分では実行できないため，共同被告人 St に対し，息子 M の殺害を達成したあかつきには金銭を与える旨の約束をし，息子 M の殺害を依頼した．息子 M は厩舎を通って帰宅することから，被告人は，そこで同人を殺すよう命じ，殺害の詳細な方法（das nähere Vorgehen）については St に一任した．そして，人違いが起こらないように被告人は，St に対し，M の特徴・外見を伝え，さらには写真まで見せ，後日二人で息子を直接見る機会も設けた．そして犯行当日，暗闇の中，厩舎に入ってきた M に似た外見の隣人 Sch を St は撃ち殺した．失敗した St は後日，M を正当防衛に見せかけて襲ったが，重傷を与えるに留まった．

BGH は，「共同被告人 St は隣人 Sch を息子 M だと思って Sch を殺害した．このような被害者が誰であるか（客体の錯誤）についての正犯者の

---

50) Berner, Grundsätze des Preussischen Strafrechts, 1861, S. 31.
51) Loewenheim, Error in objecto und aberratio ictus, JuS1966, Heft8, S. 312.
52) 中義勝「ローゼ・ロザール事件―被教唆者の客体の錯誤は教唆者にとっても客体の錯誤か」関西大学法学論集35巻3/5号（1985年）1071頁以下．
53) BGHSt 37, 214; MDR 1991, 169; StV 1991, 155.

錯誤は教唆者である被告人にとって法的に重要ではない.（BGHSt 11, 268, 270）……確かに共同被告人 St の錯誤は, 被告人にとって, 計画された犯行事実からの逸脱（eine Abweichung von dem geplanten Tatgeschehen）を意味する. しかしながら, それは一般的な生活経験に鑑みて予測可能な範囲に留まり, 犯罪に対して別の評価を正当化しうるほどのものではない場合には, 法的に重要ではなくなるのである. ……方法の錯誤に関する理論は本事案には適用されないのである. ……仮に正犯者が誤って別人を殺害したことに気づき, 本来の被害者をさらに殺害した場合は, 教唆者には原則として二人の殺害の結果が帰属されなければならないが, 二つの殺害行為に対する一つの教唆の責任が問われるに留まるのである……よって, 被告人は既遂の教唆を負う.」と判示した[54]. 本判決の結論には反対する論者もいるものの[55], かかる結論を基礎づける根拠については論者によって様々な主張がなされている[56]. まず, Cramer は, 正犯者が人違いのリスクを負って, 客体の錯誤において故意が阻却されないのと同様に, 正犯者を動機付けることによって構成要件結果を生ぜしめる教唆者も, 人違いのリスクを負うべきであるとする[57]. また, Wolter は「計画された犯行事実からの逸脱」により錯誤の重要性を判断する[58]. Puppe は, 具体化説のいう方法の錯誤の理論は, 因果関係の錯誤の特殊事例として行為者が客体を目の前にした場合のみしか適用されないと述べる[59]. また, Streng は, 具体化説のいう方法の錯誤の理論を異なる類型の事案に適用すると困難が生じると述べる[60].

54）平良木登規男「刑法アトランダム（31）共犯（その7―共犯と錯誤）」警察公論53巻3号（1998年）88頁は, 当該判例は法定的符合説を採用する一つの根拠となると述べる.

55）Roxin in LK 13. Aufl., 2019, § 26 Rdn. 26.

56）我が国で本判例に詳しいものとして, 井田良「被教唆者の客体の錯誤と教唆者の故意－－ドイツ連邦裁判所1990年10月25日判決をめぐって」法学研究65巻12号（1992年）43頁.

57）Cramer in Schönke/Schröder, StGB 30. Aufl. ,2019, Vorbem. §§ 25 ff. Rdn. 47.

58）Wolter in Schünemann, Grundfragen des modernen Strafrechtssystems, 1984, S. 103,123 f.

59）Puppe GA 1984,101,121.

60）Streng JR 1987,431,433. 具体的には BGHSt9, 240 を挙げている.

このように，正犯者について同一構成要件内での客体の錯誤が存する際
には，教唆者にとってこの錯誤が客体の錯誤なのか方法の錯誤なのかに
よって，結論が変わりうる場合がある．日本において通説である法定的符
合説（≒等価値説）によれば，いずれにせよ教唆者には故意既遂犯が成立
するが，日本において有力説である具体的符合説（≒具体化説）によれ
ば，客体の錯誤であると考えた場合には教唆者に故意既遂の教唆犯が成立
し，方法の錯誤であると考えた場合には，およそ過失致死が成立するにす
ぎないのである．この点に関し，狭義の共犯を正犯者を媒介として自らの
犯罪を実行するものと考えれば（＝純粋惹起説），教唆者にとって正犯者
は犯罪結果惹起の手段であり，その手段がうまく機能しなかったのである
から，弾丸が意図しない方法へ飛んでいく方法の錯誤と同様の事案である
見なしうる[61]．これに対して，狭義の共犯を正犯が実行する特定の犯罪に
従属的に関与をなす者と考える（＝不法・責任共犯論），あるいは，狭義
の共犯の不法は正犯者の構成要件的不法に従属すると考えれば（＝混合惹
起説），正犯者に故意の殺人既遂が認められる以上，教唆者にとっても客
体の錯誤が認められ得る[62]．しかしながら，両結論の対立は共犯論の立場
以前に，法定的符合説と具体的符合説の見解の相違に起因する[63]．これら
の見解とは別に，複数の教唆未遂を認定した上で罪数論ないしは量刑論で
調整すれば足りるとする主張も存在するのである[64]．このようなローゼロ
ザール事案とは異なり，通常の共犯過剰についての判例として判例⑤を挙
げたい．

　⑤ BGH 5 StR 360/11 - Urteil vom 1. 12 2011（LG Hamburg）（NStZ
2012, 207; NStZ-RR 2012, 77）が挙げられる．共犯者の一人が当初の暴

61）中義勝『刑法上の諸問題』（関西大学出版部，1991年）152頁，浅田和茂「教唆犯と具体的事実
　　の錯誤」『西原春夫先生古稀祝賀論文集（2）』（成文堂，1998年）428頁以下.

62）平野龍一「判批」警察研修57巻6号（2004年）7頁.

63）拙稿「同一構成要件間における方法の錯誤の取り扱い―修正された行為計画説の立場から―」
　　中央大学大学院研究年報第43号法学研究科篇238頁以下（2014年）を参照.

64）井田・前掲注（16）・408頁.

行の行為計画に反して，死に至るまで被害者の頭を激しく足蹴にした事案に対し，BGH は，「間接正犯行為にとって構成的な共通の行為計画（gemeinsamer Tatplan）は，分業による所為実行によって結論においては包括されうる[65]．しかしながら，当該認定は入念な証拠評価を必要とする．可能性のある共犯者の一人が，他の可能性のある共犯者の観点から見て『思いがけない（überraschend）』と事実審裁判官が判断するような行為を実行するならば，それにもかかわらず認定された共通の行為計画は少なくとも，事実審裁判官の結論の基礎に置かれている関連事実が言及し，反論を封じるところの判決事由を考慮することが要請されるのである．」と判示している[66]．ここから，行為者が共犯者の過剰な行為を「思いがけない」と評価するような場合，原則的に共通の行為計画から逸脱していると判断され，結果が行為者に帰属されないということが読み取れる．

⑥ BGH 3 StR 210/10 – Urteil vom 5. 8 2010 (LG Wuppertal)[67] において，脅迫のために共犯者の一人が銃を持参し，強盗の最中に共通する行為計画に反して被害者に向けて発砲したという事案に対し，BGH は「ある共犯者の行為につき，共通する行為計画に基づいて他の共犯者が責任を負わされ得るか否か，そして共犯者の過剰が存するか否かを検討する際には，結果の帰属は，個人に及んでいる他の所為関与者の行為の表象をまったく必要としないということが顧慮されるべきである．当該事案の事情によれば予測されるに違いないところの，他の所為関与者の行為は，たとえ，共犯者が当該行為を格別表象していなかったとしても，原則的に，共犯者の意思によって包括されているのである．」と判示されており，他の行為者がどのように思っていようが（表象していようが），過剰な行為が予測されるような場合は，共犯者の意思によって包括されていると判断されている．したがって，判例⑤と判例⑥を併せて検討すれば，共通の行為計画において，他の共犯者の過剰な行為が（客観的に）予測される場合

65）BGH, Urteil vom 15. Januar 1991 – 5 StR 492/90, BGHSt 37, 289.

66）これに詳しいものとして Fischer, StGB, 68. Aufl., 2021, § 25 Rn. 17.

67）openJur 2010, 10888, lexetius.com/2010, 3281.

は，特にその行為を認識していなくとも，故意が認められ，過剰な行為が「思いがけない」と評価される場合には，共通の行為計画から逸脱していると判断され，結果が行為者に帰属されないのである．

2. 小括

Puppe は，「行為計画は，単に何らかの共同目標を内容とするのみであってはならない，むしろ，行為計画は，所為を成す仲間の共同作業を調整する犯罪的な目標であるべきである」とする[68]．つまり，この「調整」とは，動機・目的・犯行手段などを共に定めることをいうのである．原則的に，共同正犯において「共同の行為計画（gemeinsamer Tatplan）ないし共同の行為決意（gemeinsamer Tatentschluss）が必要と解されている．そして，行為者にとって，共犯者の行為が「思いがけない（überraschend）」ものであった場合，その行為は共同の行為計画を逸脱し，原則的にその共犯者一人が過剰部分についての責任を負うことになるのである．

ドイツにおいては，まず，共謀の内容として，共同の行為決意と行為計画が要求される．この決意ないし計画が概括的なものである場合や，動機が具体化されていない結果自体を欲するものであるような場合には，過剰な結果を是認していたという未必の故意が認定される．また，具体的な過剰な行為を他の共犯者が表象していなくてもよい．当該事案の事情によれば予測されるに違いないところの，他の所為関与者の行為は，たとえ，共犯者が当該行為を格別表象していなかったとしても，原則的に，共犯者の意思によって包括されているからである．ただし，判例によれば，所為の客体の種類（Gattung）によってのみ限定されているような特定では足りないが，狭義の共犯に関しては，同一構成要件内においては，犯行の日時や場所，犯行の行為態様について錯誤があっても，それは重要でない（因果経過の）逸脱として当該行為者の責任は否定されないことになる．そして，BGH は共犯の錯誤のみ等価値説を採るとしており，ローゼロザール

---

68) Puupe, Der gemeinsame Tatplan der Mittäter, ZIS, 2007, S.234.

事案のような共犯の錯誤を例外と位置づけている．また，狭義の共犯においても，犯罪の行為計画を教唆者が正犯者に伝えることが必要とされている．かかる行為計画から正犯者が逸脱しているか否かによって，教唆者の罪責が変わるという点においては，狭義の共犯における錯誤・過剰も共同正犯において共通の行為計画からその逸脱を判断する検討方式と同じ判断枠組みを有しているといえる．

　私見によれば，共犯の錯誤は，客体の錯誤であるか・方法の錯誤であるかを問わずに，共犯論からのアプローチによっても解決できると考えている．すなわち，共謀故意を超えた過剰な行為であったか否かを検討すればよいのである．教唆者 X は A を殺すよう Y に命じ，Y が B を A だと勘違いし，B を射殺した場合，教唆者 X の責任を考えるにつき，仮定的な例であるが，「正犯者が誤って別人を殺害したことに気づき，本来の被害者をさらに殺害した場合」ならば，A・B 両名が殺害されており，A についてはXの当初の意図通りなので問題なく殺人既遂の教唆となる．そして，教唆者にとって，B 殺害は過剰な行為（結果）である．したがって，過剰な行為である B 殺害が行為計画に基づいた故意の範囲内にあったかが検討される．このことと並列的に考えれば，ローゼロザール事案の検討において，「A を殺せなかったこと」は考慮の外に置くべきである．まずは，意図しない B 殺害という行為は，教唆者にとって過剰な行為であると認定されるべきである．A の殺害が果たされたか否かということは，「意図しない B 殺害」の評価に何ら影響を与えないのである．したがって，「意図しない B 殺害」は，A の殺害が果たされたか否かとは関係なく，教唆者にとって，過剰な行為（結果）なのである．したがって，かかる行為が行為計画に基づいた故意の範囲内にあったか否かのみを検討すべきなのである [69]．ドイツにおいて，方法の錯誤の理論として具体化説が通説であるにもかかわらず，共犯の錯誤について具体化説が採られないのは，

---

69) もちろん，かかる考慮とは別に，Aが近くにいたなどの事情によっては，Aに対する殺人未遂罪が問題となろう．

ローゼロザール事案のように，方法の錯誤と客体の錯誤が併存している事案に妥当な解決を与えられないからである．過剰な行為が共通の行為計画（＝共謀の故意）の範囲内にあったか否かを検討することにより，この不都合は回避されうるであろうと思われる．このように，ドイツにおいては，共謀の内容を共同の行為計画とし，共犯者の過剰な行為がかかる計画から逸脱している場合，その他の行為者には故意がないと判断されているのである．次章では，行為計画に基づいた故意とはいかなる事情を含むのかという問題について詳細に論じることとする．

Ⅵ 検討

　ここでは，Ⅱ及びⅢで得られた考察を基礎とし，共謀の射程と故意の関係について論じる．Ⅱで行なった考察によれば，共謀について，動機・目的の同一性（連続性），過剰行為の予見可能性（随伴性），行為の質的同一性を考慮して，過剰な行為が行為計画に基づいた故意の範囲にあったか否かを判断すべきである．そして，Ⅲでは，ドイツにおいても，共謀の内容は共同の行為計画とされ，共犯者の過剰な行為がかかる計画から逸脱している場合，その他の行為者には故意がないと判断されていることを考察した．また，Ⅱで挙げた鹿児島地判昭和52・7・7によれば，共謀とは，共犯者同士において共通する構成要件的故意によって画されるものである．したがって，構成要件的故意の中において共謀を論じるべきである．これまでの検討を体系的に示すと以下のようになる（図1参照）．ただし，これはあくまで試論である．

図 1　出典：筆者作成

因果関係	構成要件的故意＝行為計画に基づいた故意[70]
・心理的因果性 　（過剰者が受け取るもの） ・物理的因果性	・動機・目的の同一性（連続性）
	・過剰行為の予見可能性（随伴性）
	・行為の質的同一性
	・（自身の関与の重要性を基礎づける事実の認識）

　共犯の過剰においては，因果関係における「物理的因果性」は原則的に存しないはずである．これらの 6 項目（図 1 参照）全てが「共謀の射程」というカテゴリーで論じられ，共謀の射程という新しい要件論のように扱われているようであったが，体系論（構成要件）の内部で正確に議論すべきである．橋爪教授も，「結果惹起が『共謀の射程』に含まれるかという問題と関与者に故意が認められるかという問題は，理論的には全くの別の次元に属する」とされ，単独正犯の場合に因果関係と故意を分けて考えるのと同様だと述べている[71]．共犯の過剰においては，物理的因果性が存せず，心理的因果性のみが論じられる．そして，心理的因果性には，主観的な判断が付随する．これが，議論が錯綜する原因であると思われる[72]．また，心理的因果性は，過剰な行為をした者（以下，過剰者という）と共犯者の間においてその有無が判断されるが，かかる因果性は，これを分けるとするならば，共犯者から過剰者が受け取る心理的因果性と，共犯者が過剰者に向けて発する心理的因果性の 2 つが存すると思われる．共犯者が「窃盗の意思」のみを有し見張りをし，過剰者が「強盗の意思」を有して，強盗を行う場合，過剰者は，共犯者が側にいてくれること・見張りをして

70）故意は，幇助犯・教唆犯の場合，「共通の行為計画の認識」となる．共通の行為計画を共同して実行する意思が故意であり，この計画を幇助し，教唆するに留まる場合は，当該行為者は共通の行為計画の認識を有しているのである．
71）橋爪隆「共謀の限界について：共謀の射程・共謀関係の解消（特集共同正犯論の現在）」刑法雑誌 53 巻 2 号（2014 年）296 頁を参照.
72）これを指摘するものとして，橋爪隆「刑法総論の悩みどころ（第 10 回）共謀の意義について（1）」法学教室 412 巻（2015 年）129 頁.

くれていることに安心しており，心理的に犯行が促進されている[73]．過剰者が心理的にどのように受け取るかという心理的因果性と，共犯者が過剰者に向けて発する心理的因果性は別のものだと考えられる[74]．そして，過剰者が心理的にどのように受け取るかという心理的因果性（物理的因果性も同様であるが）は，客観的に判断されるべきであり，たいていの犯罪においてかかる因果性は存するはずである．その上で，共犯者が過剰者に向けて発する心理的因果性を，行為計画に基づいた故意により判断すべきであろうと思われる．

　ただし，本書の見解によれば，共犯者が過剰者に向けて発する心理的因果性は，あえて「心理的因果性」と称する必要はなく，客観的な因果性が認められた上で，共犯者にその故意が存するか，という点を行為計画に基づいた故意として判断すれば足りるとする．以上の私見について，以下の例を挙げて検討したい．

　強盗を共謀したA・Bの2人が，現場において，Aが被害者を後ろから羽交い締めにし，その間にBが被害者のポケットを探り，財布を強奪するという計画であったところ，実際には，Aが被害者を後ろから羽交い締めにした際に，Bは内心において，被害者を殺そうと思い，羽交い締めにされている被害者の首をいきなり折って殺した．この場合，殺人という過剰な結果と，Aの羽交い締め行為との間には客観的な物理的因果性が存する．また，Bは「Aが押さえていてくれるから，殺害行為もできる」と内心で思っていることから，AとBの間には「Bが受け取る心理的因果性」が存するといえる．このような場合，因果性で共犯の過剰を判断する見解によれば，「AがBに対して心理的因果性を与えていない」という理由で因果性がないとすると思われる．しかしながら，因果性について，物理的因果性・心理的因果性少なくとも一方があればよいとする考えによる

---

73) 井田良『講義刑法学・総論［第2版］』（有斐閣，2018年）551頁注50．井田教授は，実行行為時点における見張り行為について，実行者が見張りのことをすっかり忘れていても，正犯の負担を軽減しているとする．

74) 水落・前掲注（20）も，「意思の連絡」を要求しつつ，同様の指摘をする．

ならば，客観的に物理的因果性が存する以上，「因果性がない」という結論は導けないはずである．また，私見によれば，心理的因果性は「Bが受け取るもの」のことを指すのであるから，「AがBに対して心理的因果性を与えていない」とはいえないのである．A自身が内心でどう思っていたか，いかなる犯罪を促進しようとしていたか，という点は，因果性ではなく，故意の問題であると考えられるのである．

　橋爪教授は，心理的因果性が検討される場面について，「発生した結果について故意を否定しがたい事例」などを挙げられ，また，「故意が欠けるから，心理的因果性の存否を問題とするまでもなく」と述べていることから，体系的に故意の後に心理的因果性を置いていると解され得る[75]．しかしながら，このように解するのならば，共犯の全ての事案において心理的因果性が要求されることになってしまうことになり，妥当ではないと思われる．佐久間教授も「いったん共同意思（共犯の故意）が認められた以上，改めて因果連関を問うことは，すでに認定した共同性および連帯性を無視するものにほかならない．」と述べている[76]．原則である「一部実行全部責任」においては，実行行為が見張りであったとしても，共謀を成しただけで，自身の実行行為と実際の犯罪結果との直接的な因果関係がなくとも，共同正犯として処罰されるのである．直接的な実行行為をなす者と結果との間に因果関係が存在し，その者との間で共謀（行為計画に基づいた故意）があれば，行為者が処罰されるのである．この限りでは，心理的因果性ではなく相互利用補充関係の及ぶ範囲を共犯の射程と解する見解も妥当であろうと思われる[77]．また，橋爪教授は「たとえばXがYに対して窃盗を教唆したところ，Yが強盗罪を犯した場合，Yが強盗行為に出る可能性が十分あり得る状況であれば，Xは客観的にはYの強盗行為に因果性

75) 橋爪隆・前掲注（72）128頁.

76) 佐久間修「実践講座・刑法総論（第16講）共犯の錯誤と身分犯の意義（その1）主観的要件をめぐる諸問題」警察学論集68巻2号（2015年）164頁.

77) 十河太朗「共謀の射程について」川端博ほか編『理論刑法学の探究③』（成文堂，2010年）98頁以下.

を有することになるが，Ｘの故意のある限度で教唆犯としての罪責を負うことになるため，Ｘには窃盗罪の教唆犯が成立する．このことは共同正犯の場合であっても同様である．」と述べている[78]．この場合は，「心理的因果性があるが，故意が欠ける場合」であると考えられる．客観的には因果性があるが，主観的には故意がないことを理由に窃盗罪の限度で教唆犯を認めていることから，上述の「故意が欠けるから，心理的因果性の存否を問題とするまでもなく」という説明には体系的にそぐわないように思われる[79]．そして，この部分で述べられてように，因果性は客観的に（条件関係的に）判断されるべきであって，因果性に動機・目的・行為態様などの議論が含まれるべきではないと思われる．

　順序としては，第一に因果性の有無が争われ，因果性（少なくとも心理的・物理的のどちらか一方）が存する場合にのみ，構成要件的故意（すなわち，行為計画に基づいた故意）の段階に移り，過剰行為に動機・目的の同一性（連続性）が認められるか，行為者が過剰行為を予見可能であったか，過剰行為が当初の行為と質的に同一のものであるか，が判断されなければならない．共同正犯か幇助犯かの区別の際には「自身の関与の重要性を基礎づける事実の認識」の有無が問題となり，同認識が存しない場合には，幇助犯の限度で故意責任が問われることになる[80]．かかる認識には，自身が因果的に結果ないし共犯者に対し重要な寄与をなすことの認識（たとえば，自身が暴力団の頭領であるという事実の認識）のみならず，自身の犯罪として行う認識（たとえば，借金を返済するためにどうしても強盗をする必要があるという動機）も含まれると思われる．「共謀の射程」という用語を正しく用いるならば，構成要件的故意の段階を指すと思われるが，従来の意味での「共謀の射程」には，因果性の有無で判断される場合

78）橋爪隆・前掲注（72）124頁．
79）ただし，橋爪教授の考える心理的因果性の存否に関する判断要素については全て賛同する．また，結論にも賛同しうる．体系的に，上述の考慮要素を故意に入れるか，心理的因果性の問題とするか，という点につき本書の見解と差異があるにすぎない．
80）橋爪隆・前掲注（72）124頁．

と，行為計画に基づいた故意により画定される場合の2類型があると思われる．そして，この枠組みは，狭義の共犯においても，同様に維持されるべきであろうと思われる．

これらの理解を基に具体的な事案を検討する．そのため，別宅侵入窃盗事例（前述最判昭25・7・11の事案を改変したもの）を設例として提示したい．「首謀者Xが実行者Yに対し，「対抗組織の幹部の住居であるA宅に向かい，その警備が厳重でない場合に同宅に侵入し，財物を窃取してくるように」と命じた．その際，Xは「仮に同宅の警備が厳重である場合には，発覚や暴力沙汰を避けるため，すぐさま帰投するように」とYに対し念を押した．実行者Yは，A宅に赴き，その警備を確かめたところ，厳重すぎて侵入できる隙が見当たらなかった．しかしながら，Yは，手ぶらで帰ると示しがつかないと考え，自身の面目を保つため，A宅とは何ら関係のない，近所のB宅に侵入し，財物を窃取した．」という事案である．

法定的符合説（抽象的法定符合説）は，認識事実と実現事実が構成要件の範囲内において符合している場合には故意を認めるというものである．つまり，A宅に対する住居侵入窃盗のつもりでB宅にそれを行なってしまった場合に，A宅に対する住居侵入そしてAの物の窃盗の意思を「およそ住居に入り，他人の物の窃盗をする意思」というようにとらえ，住居侵入・窃盗罪という同一構成要件内で符合することを根拠に故意を認めることになる．なぜなら，構成要件的に特定された故意から構成要件的結果が発生していて，行為者は「住居に侵入してはならない．他人の物を盗んではならない．」という規範に直面しているのであるから，これらの犯罪に対する反対動機の形成が可能だからである．このように，通説・判例とされる法定的符合説によれば，上述の設例において，Xには住居侵入・窃盗罪の故意が認められることになる[81]．

---

81) 大判大正15・7・3（刑集5巻395頁）に始まり，最判昭和53・7・28（刑集32巻5号1068頁）が有名である．

かかる事例に対し，橋爪教授は，抽象的法定符合説を前提とした場合には故意が認められるが，心理的因果性の欠如により共同正犯の成立が否定される余地があるという[82]．しかしながら，抽象的法定符合説によって故意を認めたということは，「およそ家であるものに入り，いわゆる窃盗をする」という抽象的な認識が認定されたわけであるから，「心理的因果性が具体的結果に及ばない」とはいえないと思われる．このことは，通常の方法の錯誤の事案において，行為者が意欲していない客体に弾が当たる場合に同説によって故意が認められるのと同様の結論となる．弾が勝手に逸れてしまうのと，共犯者が勝手に別の家で窃盗をするのは同様のものと考えられよう．

　それゆえ，同説に依拠する以上は，共同正犯の成立を否定し得ないように思われる．また，橋爪教授は，「むしろ具体的法定符合説を採用して故意犯の成立を限定するのが筋であると思われるが」と述べている．その結論には賛同できるものの，そのように解した場合，過剰な結果について故意がないとされる場合にも心理的因果性があると判断されてしまう場合が存し得ると思われる[83]．

　しかしながら，設例において，同説によれば故意が認められるのに対し，行為計画説によって共謀の射程を検討すれば，共謀がないと判断される場合が存するのである．行為計画，すなわち，動機・目的の同一性（連続性），過剰行為の予見可能性（随伴性），行為の質的同一性を考慮して，（この場合は主に動機が異なるという点であるが），行為計画に基づいた故意がないとされたのちに，法定的符合説により故意が擬制されることはないと思われる．このように考えるならば，抽象化した認識を要請（あるいは，それで足りるとする）する法定的符合説は，共犯の錯誤においては機能し得ないことになる．そうであるならば，かかる領域では法定的符合説

82）橋爪隆・前掲注（72）128頁．

83）橋爪隆・前掲注（71）300頁．共謀の射程を用いて故意犯成立を制限するという視点には筆者も賛同する．

（とりわけ数故意犯説）の存在価値はますます薄れていくことになろう[84]．

 おわりに

　本章では，共犯の錯誤・過剰に関し，行為計画に基づいた故意に鑑みて共謀の射程を判断するよう試みた．東京高判昭和60・9・30は，被告人が対立組織との交渉を有利に進めるという目的の下で暴行を加えてでも被害者を拉致する旨を指示し，実行担当者らは自分達の体面を守るという目的の下で被害者を殺害した事案について，被告人に殺人罪も傷害致死罪の責任も認められないとした．また，東京地判平成7・10・9においては，実際に行われた犯罪は同一ではあるものの，共犯者が共謀とは異なった行為態様をとった場合に，行為者には結果が帰属されないとされた．東京高判平成21・7・9では，「被害者への組の制裁」という共謀内容の目的・動機が，第2暴行においても維持されているかが判断され，福井地判平成25・7・19も，第2暴行の動機や目的は，第1暴行とは大きく相違すると判示されて共謀が否定されている．このように，下級審においては，客観的には行為態様自体が共謀の内容に含まれているように見えてもその目的が当初のものと全く異なる場合や，被害客体および犯罪が同一ではあっても共犯者が共謀とは異なった行為態様をとった場合には，共謀の射程が否定されているように思われるのである．それゆえ，共謀の射程を検討するに際しては，構成要件的重なり合いおよび因果性の問題だけでなく，行為計画に基づいた故意の考慮が必要であると考えられる．過剰者が

84）平成14年に出た2つの裁判例は，結論として（量刑として）具体的符合説によって導かれるものと同様の判決（量刑）になっていると思われる．大阪高判平成14・9・14（判タ1114号293頁）では，人に対する故意の具体化が必要だとされ，東京高判平成14・12・25（判タ1168号306頁）では，法定的符合説に依拠して意図していない客体に対する故意を認めるのならば，量刑上その故意を考慮してはならないとされた．したがって，下級審において法定的符合説と距離を置く判断が見受けられるのである．詳しい検討については，本書第1章を参照されたい．

心理的にどのように受け取るかという心理的因果性と，共犯者が過剰者に向けて発する心理的因果性は別のものだと考えられる．そして，過剰者が心理的にどのように受け取るかという心理的因果性（物理的因果性も同様であるが）は，客観的に判断されるべきである．共犯者が過剰者に向けて発する心理的因果性は，「心理的因果性」と称する必要はなく，客観的な因果性が認められた上で，共犯者にその故意が存するか，という点を行為計画に基づいた故意として判断されるべきである．かかる故意の考慮につきドイツの議論を参照し，共同の行為計画から共謀の射程が判断されていることを導き出した．そして，共謀について，動機・目的の同一性（連続性），過剰行為の予見可能性（随伴性），行為の質的同一性を考慮して，過剰な行為が行為計画に基づいた故意の範囲にあったか否かを判断すべきであると考えられる．その上で本章は，行為計画に基づいた故意の検討がなされる場合には，法定的符合説の適用領域は限られたものになり得るという結論を得たものである．

第5章

未必の故意について

I はじめに

　実務上の故意の認定において，間接証拠の積み重ねや[1]，経験則や論理則等により故意が推認される場合がある[2]．裁判例の中では，「認識がある場合，特段の事情がない限り故意が推認される」とするものや，「特段の事情がない限り，認容が推認され，故意が肯定される」，「特段の事情がない限り，認識・認容が推認され，故意が肯定される」，「特段の事情がない限り，認識が推認され，故意が肯定される」とするものが見受けられる[3]．

　「認識がある場合，特段の事情がない限り故意が推認される」際には，特段の事情は故意の推認を妨げる役割を有する．そして，「特段の事情がない限り，認容が推認され，故意が肯定される」際には，特段の事情は認容を否定する働きをもつ．また，「特段の事情がない限り，認識・認容が推認され，故意が肯定される」際には，特段の事情は認識及び認容の推認を妨げる役割であるといえ，「特段の事情がない限り，認識が推認され，故意が肯定される」際には，特段の事情は認識の推認を妨げる役割であると看取される．判決文におけるこれらの文言に実質的な差異は存するのだろうか．いずれも終局的には故意を否定し得る効果を有していることは明らかである．

　だが，「故意そのものが否定されること」，「認容が認められず故意が否定されること」，「認識が認められず故意が否定されること」，「認識・認容が認められず故意が否定されること」，もたらされる結果は同一であっても，これらはそれぞれ異なる次元の問題であると思われる[4]．認識こそが

---

1)　植村立郎『実践的刑事事実認定と情況証拠〔第3版〕』(立花書房，2016年) 246頁.

2)　村岡啓一「情況証拠による事実認定論の現在」『村井敏邦先生古稀記念論文集』(日本評論社，2011年) 674頁以下.

3)　植村立郎「故意とその認定―行政犯における故意を中心に」刑法雑誌34巻3号 (1995年)375頁.

4)　主要事実の差異が判決文に表れているとも考えられ得るが，本章が検討対象とするのは，間接事実の総合判定によって故意を推認する文脈のみである．総合判定と間接事実については，豊崎七絵「間接事実の証明と総合評価―情況証拠による刑事事実認定論 (1)」法政研究76巻4号

故意の本質であるとするならば，認識が推認できないことは直ちに故意の否定に至るだろう．同様に，認識と認容の両要素が故意の要件と解する立場によっても，特段の事情により認識・認容が推認されないことは，故意の否定を意味する．しかしながら，認識に加え，「何らかの要素の存在または不存在」が故意の充足に必要だとするならば，「認識がある場合，特段の事情がない限り故意が推認される」とする裁判例は，特段の事情の内部において，「何らかの要素の存在または不存在」を検討していることになる．

　従来，故意の事実認定と，故意に必要な要素は何かという理論的問題とは，切り離されて論じられることが多かった[5]．しかし，判例実務が，故意の事実認定において，未必の故意の成立に必要な要件の「何を」推認しているのか，また，特段の事情の存否は何に影響するのか，という問題は，遡れば，故意に必要な要素は何か，という問題に他ならないと思われる[6]．

　それゆえ，本章では，裁判例における故意の事実認定，とりわけ特段の事情が判決文に表れた事案の分析を基礎とし，そこから遡って，未必の故意に必要な要素とは何か，を検討する．つまり，未必の故意がどう在るべきか，ではなく，どう在るのかを明確にすることを試みる[7]．もっとも，本章では，未必の故意に関する諸学説に若干触れ，検討するものの，あえて学説の考察において深入りはしない．というのも，本章の関心事は，故意の事実認定において，「何を」推認しているのか，また，特段の事情の存否は何に影響するのかという点を明らかにすることであり，いずれの説

（2010年）66頁以下.

5)　実践的三段論法を用いて，実体法的要件論と事実認定論の架橋を試みる先行研究として，増田豊著『刑事手続における事実認定の推論構造と真実発見』（勁草書房，2004年）104頁以下.

6)　もっとも，証明の対象である主要事実を推認するための間接事実と，故意の認識対象論は分けて検討されるべきである．本章は，未必の故意に必要な要素のうちの「認識」と「特段の事情」の関係に着目し，主要事実と故意の要素が対応する部分を考察するものである.

7)　事実認定においても，規範的な考察の視点が不可避的に介在することがある．植村立郎「行政犯の故意」植村立郎・小林充編『刑事事実認定重要判決50選〔第2版〕（上）』（立花書房，2013年）125頁.

が妥当かを検討するものではないからである. むしろ, 本章は, 学説の立場を研究の端緒とするのではなく, 判例実務の分析により, 故意の要素として何が要求されているかを帰納法的に考察することで, 故意の本質に迫ろうと試みるものである.

　本章では薬物事犯を中心に, 様々な態様の犯罪に関する裁判例を扱う. たしかに, 裁判例は, 犯罪類型, 時代, 背景, 学説等の状況によって変容し得る. しかし, 未必の故意の要素が何であるか, という点は故意の本質論として揺るがないものであるはずである. 未必の故意を間接事実等により推認するという事実認定の手法という点では, 殺人罪, 詐欺罪も薬物事犯も同様である. したがって, 本章においては, あえて犯罪類型や判決の時期・時代の考慮を捨象し, 未必の故意を立証するに際し, 裁判所が何を推認するのか, という点のみを抽出し検討する.

Ⅱ 「特段の事情」に関する判例及び裁判例

　実務において未必の故意を認定するにあたり, 行為者の認識に関わる種々の間接事実から行為者の認識内容を推認していくことが重要だとされている[8]. もっとも, 間接 (情況) 証拠による認定においては, 個々の間接事実が単独で最終的な要証事実を推認させることは, 普通はあり得ず, 多くの場合は, 全体の間接事実を総合的に判断して, 要証事実が認定できるか否かが決められる[9]. このように, 間接事実から要証事実を推認する際に用いられるのは, 経験則・論理則である[10].

　裁判例において用いられている経験則による推認が成立するには, ①当該経験則が経験則と呼ぶにふさわしい経験上合理的な内容のものであること, ②当該経験則を事案に当てはめることが相当であること, ③推認を妨

---

8) 染谷武宣「薬物事犯における薬物の認識の認定について」警察学論集67巻8号 (2014年)123頁.
9) 石井一正『刑事事実認定入門［第二版］』(判例タイムズ社, 2010年) 62頁.
10) 植村・前掲注 (1) 59頁.

げるような特段の事情が認められないこと，が必要とされており，特段の事情は推認障害事由とされている[11]．経験則を用いた推認は特段の事情が存する場合には成り立たず，推認が妨げられる．したがって，被告人側は，反対方向の間接事実（消極的間接事実）を主張して積極的間接事実からの推認を争うか[12]，あるいは，推認に用いられる経験則・論理則自体やこれらの適用を争うことになる[13]．

　このような機能を有する特段の事情が，実際に裁判例においてどのように用いられているか，以下概観する．もっとも，裁判例において，被告人が認識や認容を自白している場合には，これに従った判示がなされるのであるから[14]，「認容」が認定されているかどうかは，被告人の自白次第であるとみることもできる．しかし，このような自白が存在しない事案，すなわち，間接事実により故意を推認する事案においては，故意の要素として何が推認の対象であるかを検討する利益は大いに存在すると思われる．その際，本章の対象である特段の事情と認識・故意との関係を検討するため，裁判例を，「特段の事情が存すれば，認識が否定されると解するもの」と，「特段の事情が存すれば，認容が否定されると解するもの」，「特段の事情が存すれば，故意が否定されると解するもの」，「特段の事情が存すれば，認識・認容が否定されるもの」に分類する．

　なお，本章では，判決文に表れる「特段の事情」，「特異な状況」，「特段の状況」を一括して，「特段の事情」と表することとする．推認の成否を決する機能という点ではこれらは同一視し得る文言であるからである．また，以下の裁判例においては紙幅の都合上，事案の詳細は割愛し，判決文の該当箇所のみを引用する[15]．

11）岡本章「覚せい剤密輸入事件における故意及び共謀の認定」捜査研究62巻8号（2013年）19頁．
12）中里智美「情況証拠による認定」木谷明編『刑事事実認定の基本問題［第2版］』（成文堂，2010年）340頁．
13）田中和夫『新版証拠法［増補第三版］』（有斐閣，1971年）76頁．
14）半田靖史「故意の認定―故意概念と法的評価の観点から―」木谷編・前掲注（12）71頁．
15）認識・認容・故意のいずれが争点となるかは事案との関係および当事者の主張如何によって変容し得るが，本章では結論部分の論法（方法論）のみを扱うため，事案を割愛する．

1. 特段の事情が存すれば，認識が否定されると解するもの

[裁判例 1-1] 長野地判平成 16 年 3 月 4 日（裁判所ウェブサイト）

「このように自らの段打行為により被害者に上記のような擦過打撲傷を負わせて衰弱させた上，ガムテープで全く身動きのとれないようにすることで救出可能性を奪っている被告人の行為は，被害者の生命に多大な危険を及ぼすものであることは客観的に明らかである上，一般人においても，死亡する蓋然性が高いことは容易に分かることであり，被告人がそのような死の結果の予見ができないような特段の事情は認め難い．そして，…被害者の死亡の蓋然性の認識を肯定しているのである．」

[裁判例 1-2] 山形地判平成 19 年 9 月 10 日（裁判所ウェブサイト）

「本件犯行当時の本件道路上の状況は，被告人の進行車線及び対向車線のいずれもその交通量が多い上，片側 1 車線であり，その幅員も約 6.8 メートルに過ぎず，被告人は，本件道路をクラウンで走行し，かような状況や E 運転の軽自動車が対向車線を走行していたことを十分に認識し，とりわけ，対向車の存在を認識していたからこそ，追い越し走行には及ばずに，時速 120 キロメートルという高速度でクラウンを軽自動車に衝突させているのであるから，かような客観的状況に鑑みれば，特段の事情のない限り，被告人には E 車両との衝突に関する未必の認識が存したことが推認される．」

[裁判例 1-3] 東京高判平成 22 年 6 月 21 日（判タ 1345 号 133 頁）

「被告人自身，密輸しようとする物品が，本件スーツケース内の通常の収納部分以外の箇所に隠匿できる程度の量及び形状のものであり，かつ，被告人の報酬等を支払っても依頼人に相当な利益が残るほどの利益率の高いものであることは当然に理解していたと考えられるところであり，そのようなものとしてまず想定されるのは覚せい剤を含む違法薬物であるといえるから，被告人には，他に特段の事情が認められない限り，違法薬物を密輸するとの認識があったことが推認される．」

[裁判例 1-4] 東京地判平成 24 年 4 月 26 日（判タ 1386 号 376 頁）

「覚せい剤が厳しく取り締まられている禁制品であって，通常の社会生

活の過程で体内に摂取されることはあり得ないことからすると，被告人の尿中から覚せい剤成分が検出された場合，特段の事情がない限り，その検出が可能な期間内に，被告人が覚せい剤をそれと認識して身体に摂取した事実（その主観面を以下「本件故意」ともいう。）を推認することができる。…本件故意の推認については，推認を妨げる特段の事情があり，被告人を有罪と認めることには合理的疑いが残る。」

[**裁判例 1-5**] 最決平成 25 年 4 月 16 日（刑集 67 巻 4 号 549 頁）
　　　　　　　（田原裁判官補足意見）

　「他方，受領権者が禁制品であることを認識している場合，通常，発送者は発送品の内容を認識したうえで発送するものであるから，特段の事情のない限り，発送者において禁制品であることを認識したうえで発送したものとの推定が働く。」

[**裁判例 1-6**] 東京地判平成 28 年 9 月 6 日（2016WLJPCA09066008）

　「対象物の中身について，人の死体である可能性はないと認識するような特段の事情はうかがえず，前記認定した事実関係に照らすと，被告人は，本件犯行当時，本件遺棄対象物の中身について，少なくとも人の死体かもしれないという認識を有していたと認められ，死体遺棄罪の故意が認定できる。」

[**裁判例 1-7**] 広島高裁岡山支部判決平成 28 年 10 月 19 日
　　　　　　　（裁判所ウェブサイト）

　「一般的に，危険ドラッグの販売業者は，特段の事情がない限り，自己が扱う商品の中に指定薬物が含まれている可能性を認識しているものと推認することができる。そこで上記推認を妨げる特段の事情が窺われるか（原判決が故意を否定する事情とする判断の当否）を検討する。…危険ドラッグに対する規制経過及び販売の実情からするなら，その販売業者が商品として危険ドラッグを所持しているとの認識により指定薬物所持の故意が推認され，特段の事情がない限り違法薬物所持の認識を認めるべきである。」

[**裁判例 1-8**] 福岡高裁宮崎支部判平成 28 年 11 月 10 日
　　　　　　（2016WLJPCA11106007）

　「そのような状況下で，約 1 か月間にわたり約 20 回も当該行為を繰り返したという事実があれば，特段の事情のない限り，その間にその行為が空室利用送付型詐欺の受取行為に該当すること，あるいは，少なくともその可能性があることを当然に認識していたはずであると断定できるものというべきである．」

[**裁判例 1-9**] 福岡高判平成 28 年 12 月 20 日（2016WLJPCA12206003）

　「本件受領行為のように，特異な状況において荷物を受領する場合，そのような行為態様から通常想定される違法行為の類型には，本件のような特殊詐欺が当然に含まれるというべきであり，したがって，本件受領行為につき『何らかの違法な行為に関わるという認識』さえあれば，特段の事情がない限り，本件のような特殊詐欺につき規範に直面するのに必要十分な事実の認識があったものと解され，同行為が『詐欺に関与するものかもしれないとの認識』があったと評価するのが社会通念に適い相当だからである．」

2. 特段の事情が存すれば，認容が否定されると解するもの

[**裁判例 2-1**] 福岡地裁小倉支部判平成 26 年 7 月 18 日
　　　　　　（LEX/DB25504573）

　「検察官は…覚せい剤使用の認識，認容があったと言え，前記特段の事情は認められない旨主張する．…B から覚せい剤を注射されることを『消極的に』受け入れたにすぎないから可能性を否定できないから，覚せい剤使用の認容，すなわち，覚せい剤を使用してその薬効を得ようとする意思ないし覚せい剤を注射してもらおうという主体的な意思まであったと断定することはできない．」

[**裁判例 2-2**] 東京高判平成 27 年 11 月 11 日（LEX/DB25542449）

　「原審は…本人確認とその記録化が法令上義務づけられていることを認識しながら，義務づけられている本人確認を怠り，虚偽の記載を記録に残

しているのであるから，特段の事情がない限り，本人確認を適格に行って
詐欺に利用されないようにしようとする意思を欠いていたものであると推
認される．…特段の事情がないとし，前記認容があったとの結論を導いた
原判決…是認できない．」

3. 特段の事情が存すれば，認識・認容が否定されると解するもの

[**裁判例3-1**] 東京地判平成28年6月7日（2016WLJPCA06076010）

「被告人が男性Bとぶつかった後，舌打ちをし，Aのいる方向に斜めに
進行したこと，被告人は，いったん左肩を引き，体をねじるようにして
Aに衝突しており，その際，左肘が曲げられた状態でAの上半身に向け
て張り出していたこと，Aに加わった衝撃の強さ，衝突後，被告人が現場
から立ち去った状況などを総合すれば，被告人がAの左上半身に，自分
の上半身（左肩から左腕付近）をぶつけたことが認められる．したがっ
て，被告人の内心においても，このような行為に対応する意思があり，人
の身体に向けて不法な有形力を加える旨認識認容していたことは，特段の
事情のない限り，優に推認することができる．」

[**裁判例3-2**] 宇都宮地判平成29年3月24日（裁判所ウェブサイト）

「本件において問題となるのは，定期的なインスリン投与がなければA
が死亡する現実的な危険性があることを被告人が少なくとも認識し，認容
していたかという未必の故意なのであるから，被告人の上記主張は本件で
問題となっている殺意を否定する理由とはならない．したがって，特段の
事情がない限り，被告人は，定期的なインスリン投与がなければAが死亡
する現実的な危険性がある，と認識し，かつ，Aを病院に行かせようとし
ないなどしてその危険性が実現することを認容していたものと推認され
る．…遅かれ早かれ両親がAを病院へ連れて行くなどして治療を受けさせ
て一命を取り留めるであろうとの期待については，そもそもそれ自体がイ
ンスリン不投与の持つ死亡の現実的危険性を前提とする期待である．…推
認を妨げる特段の事情は認められず，そうだとすれば，被告人は，インス
リンの不投与にはAが死亡する現実的危険性があると知りながら，インス

リンを投与しないよう指示をし，かつこれを継続したのであるから，イン
スリン不投与による A の死亡を認識し認容していたものと認められる.」

4. 特段の事情が存すれば，故意が否定されると解するもの

[**裁判例 4-1**] 最決平成 25 年 4 月 16 日（刑集 67 巻 4 号 549 頁）判決本文
　「被告人は，輸入貨物に覚せい剤が隠匿されている可能性を認識しなが
ら，犯罪組織関係者から輸入貨物の受取を依頼され，これを引き受け，覚
せい剤輸入における重要な行為をして，これに加担することになったとい
うことができるのであるから，犯罪組織関係者と共同して覚せい剤を輸入
するという意思を暗黙のうちに通じ合っていたものと推認されるのであっ
て，特段の事情がない限り，覚せい剤輸入の故意だけでなく共謀をも認定
するのが相当である.」

[**裁判例 4-2**] 福岡高判平成 28 年 6 月 24 日（高刑 69 巻 1 号 1 頁）
　「しかし，当該薬物が処罰の対象とされている違法の実質を十分認識し
ている以上，当該薬物には指定薬物として指定されていない薬物しか含有
されていないと信じたことに十分合理的な理由があるなど，特異な状況が
肯定できる場合でなければ，故意が否定されることはないというべきであ
る. …そうすると，本件の事実関係の下では，被告人が本件植物片には指
定薬物として指定されている薬物が含有されていないと信じたことに合理
的な理由があったことなど，被告人の故意を否定するに足りる特異な状況
も認められないというべきである.」

[**裁判例 4-3**] 名古屋高判平成 16 年 3 月 15 日（裁判所ウェブサイト）
　「弾が逸れたり，ねらいどおりであっても被害者が予測し難い行動を
とったりすることがあることからすると，弾丸が身体の枢要部や大腿部の
動脈部分に命中しその結果死亡するかもしれないことが予想できるから，
確定的な故意はないものの，特段の事情のない限り未必の殺意があると判
示した上，特段の事情はないとして両名に対する未必の殺意を認定してい
る. …そうすると，被告人は，膝下ないし下腿部をねらって射撃しており，
しかも，被告人が相当高度の射撃能力を有する疑いを否定できず，現に弾

道もねらった位置からわずかしか逸れていない以上，被告人には傷害の故意は優に認められるものの，未必の殺意を認めるには合理的な疑いが残るというべきである.」

5. 小括

　裁判例1（特段の事情が存すれば，認識が否定されると解するもの）について，認識の程度として蓋然的である認識を推認しているものとして，［裁判例1-1］［裁判例1-4］［裁判例1-5］が挙げられる. 蓋然性または可能性のいずれかが推認されるとしているのが［裁判例1-3］［裁判例1-8］であると思われ，可能性の程度の認識を推認するものは，［裁判例1-6］［裁判例1-7］［裁判例1-9］である. 要求される認識の程度は，事案・犯罪類型・実際の行為態様に応じるものでもあるが，ここでは少なくとも，いわゆる認識要素における認識の程度が「可能性」であっても未必の故意に足りるということは看取できよう. これらの裁判例では，特段の事情が存した場合には，認識が推認されず，故意が否定されるとの枠組みで未必の故意の有無が判断されている.

　裁判例2（特段の事情が存すれば，認容が否定されると解するもの）について，［裁判例2-1］では，覚せい剤を自分で注射したのではなく，他人に注射してもらっているという点が特筆される. 見方によっては，「不作為」に対して認容が認められなかった事案といえることにも留意したい. ［裁判例2-2］では，特段の事情として，①被告人の供述，②顧問弁護士の助言，③動機等が考慮されないまま故意を推認した点について，論理則・経験則に反した不合理なものであると判示されている. 同事案は，行為者が振り込め詐欺に用いられるかもしれないと思いつつ本人確認を怠り虚偽の事実を記載し，郵便物の受け取りサービスを提供したことで詐欺罪の幇助が問われたものである. 本人確認を怠り虚偽の事実を記載することは作為であり，また，既に契約していた郵便の受領場所の提供を続けている状態を止めなかった点はたしかに消極的な行為態様であると評価できるが，［裁判例2-1］のように「不作為」に対して認容が認められなかっ

た事案とまではいえないかもしれない.

　しかしながら，幇助という犯罪特性に鑑みて，正犯を援助する積極的な作為態様をとらないケースでは，意思的な側面が未必の故意認定に有益であると考えられる．これらの裁判例では，特段の事情が存した場合には，認容が推認されず，故意が否定されるとの枠組みで未必の故意の有無が判断されている.

　裁判例3（特段の事情が存すれば，認識・認容が否定されると解するもの）について，［裁判例3-1］では，「行為に対応する意思」があると説示されており，客観的な行為に対して，認容の意味づけを与えている，あるいは，客観的な行為に内在する意思として「認容」を看取しているように思われる．［裁判例3-2］では，結果不発生への「期待」の存在が，むしろ，結果発生の認識を基礎づけるものとの評価がなされている．このことは，危険ドラッグ事案において，行為者が，「当該薬物が合法であるとの期待」と「当該薬物が違法であるかもしれないとの不安」が併存するのが通常であるとの判示と符合する [16].

　裁判例4（特段の事情が存すれば，故意が否定されると解するもの）について，［裁判例4-1］は，輸入貨物の受け取り行為に共謀共同正犯が認められたものである．受け取り行為は「輸入」に該当しないため，送り主との共謀が認められれば，送り主に輸入の実行行為が存する以上，それを受け取る重要な役割を果たす行為者にも共同正犯としての責任が問われることになる．したがって，行為者において共謀が認められるために，「共同して覚せい剤を輸入するという意思」が認定されている．同判決は認識が認められた後に共同実行の意思に言及しているから，かかる共同実行の意思を故意の要素において評価するならば，「認容」にあたるものと考えられる [17].

16）大阪高判平成27年7月30日（LEX/DB 25541084）である．詳しくは，拙稿「判批」法学新報123巻8号（2017年）415頁以下.

17）拙稿「共謀の射程の判断—行為計画に基づいた故意—」中大院第45号（2016年）203頁以下.

　[裁判例4-2]では，判決文の「違法の実質を十分認識している以上」との文言から，行為者が十分に違法の実質を認識しているにもかかわらず，たとえば，「特異な状況」によりその「認識」が否定されるという帰結は論理的ではない．また，これが認識を否定する事情であるならば，同じ「認識」に関する判決文の箇所において検討されるべきことであり，「故意を否定する」か否かの文脈で「特異な状況」が存するならば，最終的に故意が否定されるということが本判決から看取される．したがって，文言をそのまま解釈すれば，「特異な状況」の存在は「行為者の認識から故意を推定することを否定するもの」である．

　拳銃を用いて人に発砲する事件においては，通例殺意が容易に認められてきたものの，[裁判例4-3]では，行為者の射撃の能力と狙った箇所に鑑みて，殺人の未必の故意が否定されている．被告人は約5.3ないし7.2メートルの距離から，被害者の下腿部に向けて，両手で拳銃を持って発砲しており，「被告人のほぼねらった部位ないしこれに極めて近接する部位に着弾している」ことが認められている．ここでは，行為者による危険性の認識を実質的に判断している点が特筆されよう．

　以上の四分類の分析を前提に，次項では，未必の故意の要素と特段の事情を検討する．

Ⅲ　未必の故意の要素と特段の事情

　Ⅱでは，裁判例において，特段の事情との関係で，何が推認されているか，すなわち，未必の故意における推認の対象を分類，考察した．「認識」，「認容」，「認識・認容」，「故意」が推認の対象とされているという分析を得たことを前提に，以下では，これらの推認対象を未必の故意の「要素」として要件化した場合の構成を検討する．

　まず，未必の故意において対立している認識説・意思説も前提として犯罪構成要件に該当する認識を要求するので，故意において，「認識」が必

要なこと自体については，争いはない．したがって，未必の故意には，必ず認識要素が必要である．なお，特段の事情の中身には，結果発生を否定する意思と思われるものが考慮されている．結果発生を否定する意思は，単に行為者が希望的な心理状態であっただけでは認められない．［裁判例1-1］では，「被告人の認識は希望的観測にすぎず」と評価されており，主観面で「結果が発生しないと思っている」としても，法的評価の上では，そのような認定はなされないことがある．ここにいう「否定」とは，結果不発生を決定的に希望していることを指すことになる[18]．そして，それは客観的に判断される．革ベルトで首を絞めた事件において「行為者が自己の行為の危険性を十分認識しつつも，自身は幸運の星のもとに生まれたので，革ベルトで被害者の首を絞めても，失神に止めることができ，死の結果は発生しないと信じていたという場合」には，結果発生を否定する意思は認められないだろう[19]．かかる理解を前提に，未必の故意の要件につき考えられ得る構成を挙げる．

1．A説【故意＝認識（結果発生の認識）】

なお，以降A～D説にいう「結果発生の認識」とは結果を伴う犯罪類型の場合を指し，そうでない場合は，「構成要件該当事実の認識」を指すこととする．

［裁判例1-4］の「被告人が覚せい剤をそれと認識して身体に摂取した事実（その主観面を以下「本件故意」ともいう．）」の文言からも，認識＝故意と読み取れ，また，特段の事情がなければ故意が認められるという部分からも，特段の事情の存在が故意を否定，すなわち，認識の存在を否定することになる．

［裁判例1-9］でも，「特段の事情がない限り，本件のような特殊詐欺につき規範に直面するのに必要十分な事実の認識があったものと解され」と

---

18) Hippel, Die Grenze von Vorsatz und Fahrlässigkeit, 1903. S.132ff.

19) 玄守道「裁判員制度のもとにおける未必の故意—それはいかに説明され，認定されるべきなのか—」龍谷法学42巻3号（2010年）604頁.

判示され，未必的故意が認められている．同判決からは，行為者が規範に直面するにあたり，「認識」のみで「必要十分」であると読み取れる．したがって，やはり，同裁判例では認識＝故意と解していることになろう．

図1　A説（出所：筆者作成）

【認識】
構成要件的結果発生の認識

未必の故意

　A説は，認識要素のみが故意の要件であるとする．したがって，特段の事情の存在によって，認識そのものが推認できず，故意が否定されることになる（図1参照）．行為者において結果発生を否定する意思が存在する場合には，故意自体が否定されることになる．特段の事情が存する場合のA説による帰結は，「故意が否定される」となる．

2. B説【故意＝認識（結果発生の認識＋結果発生否定意思の不存在）】

　しかし，同じ裁判例グループである，［裁判例1-7］では，「認識により指定薬物所持の故意が推認される」とされており，A説のように，認識＝故意と一律に解しているようには読めない．最低限の結果発生の「認識」に加えて，何らかの要素の存在あるいは不存在があることによって，故意が充足されると考えられ得る．しかし，その何らかの要素（結果発生を否定する意思等）の検討も，認識を前提にしつつ論ぜられ，最終的に認識の問題とされているのである．したがって，認識に何かが足される，というよりは，「認識」の中に，構成要件的結果発生の認識と，何らかの要素が存することになる．したがっ

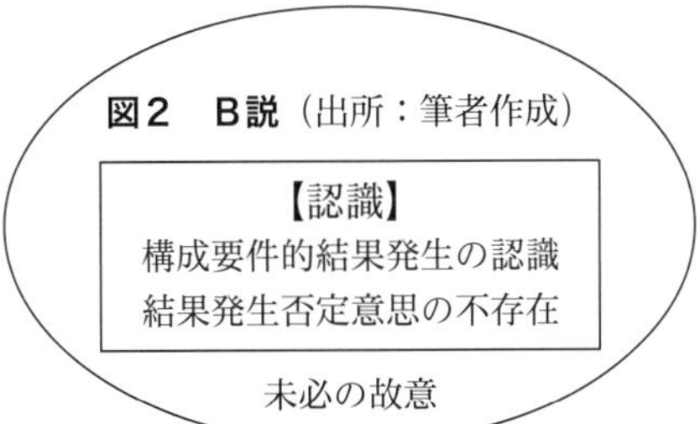

図2　B説（出所：筆者作成）

【認識】
構成要件的結果発生の認識
結果発生否定意思の不存在

未必の故意

て，用語の上では，「認識」と表現しつつ，認識の中において二段階の検討をしているように思われる．

つまり，B 説は，認識要素のみを故意の要件とするが，認識要素が充足されるためには，①構成要件的結果発生の認識の存在に加え，同時に結果発生を否定する意思が存在しないこと（結果発生否定意思の不存在）を要求する（図 2 参照）．意思要素を故意の要件とするのではなく，結果発生を否定する意思が存在する場合には，認識が否定されるとするのである．学説によれば，下限の認識（すなわち，類の認識）があれば，原則として故意が認められるものの，その枠内ではあるが，「種」の認識がない場合に故意が阻却される場合があるとし，この意味において，二段階で故意を判断するとされる．かかる二段階目においては，下限の認識により一応基礎づけられた「限定された範囲の本来の認識対象についての認識」が打ち消されるか否かが判断される[20]．それゆえ，「特段の事情」により，「種」の認識がなくなると判断された場合には，下限の認識により一応基礎づけられた「限定された範囲の本来の認識対象についての認識」が打ち消されるか否かを検討することになるので，「認識」が認められた後にその「認識」を否定することもあり得る．「認識」が認められた後にその「認識」を否定するという，認識の二段階検討は可能である．本章の理解では，最初に認められる「認識」は，「構成要件的結果発生の認識」であり，否定される「認識」とは，「結果発生を否定する意思」であり，かかる意思が存する以上，全体として「認識」が否定されることになる．特段の事情が存する場合の B 説による帰結は，「認識が認定されず，故意が否定される」となる．

3．C 説【故意＝認識（結果発生の認識）＋意思（結果発生否定意思の不存在）】

　［裁判例 4-2］は，「認識」が十分認められつつも，特段の事情の存在により故意が否定されるとの枠組みを採用している．したがって，認識以外の要素を未必の故意において検討していることになる．結果発生を否定す

20）前田雅英「故意の認識対象と違法性の意識」刑法雑誌 34 巻 3 号（1995 年）389 頁．

る意思が認められるような行
為や主観が認定されているこ
とから，明示されてはいない
が，未必の故意において，認
識とは別に，結果発生を否定
する意思のような「意思要
素」が存しないことが要件と
されているように思われる．

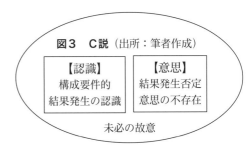

C 説は，認識要素と意思要素を故意の要件とする．しかし，意思要素
においては，認容などの構成要件的結果へ向けられた内容の意思ではな
く，結果発生を否定する意思がないことが要求される（図3参照）．特段
の事情の存在により，結果発生を否定する意思が存在することになり，意
思要素の要件が充足されず，故意が否定される．この理解は，「違法で有
害な薬物などの属性や類との認識があっても，特別な事情があれば故意を
否定する」という判例に対する見解と一致する [21]．また，実務においても，
対象薬物について有害で違法な薬物類であるとの認識があったとしても，
特別の事情が認められるときには，故意があるとはいえないとする見解は
存する [22]．学説においても，「最低限そのような認識さえあれば，原則とし
て当該犯罪の故意非難が可能となる」という故意の下限の認識をまず認め
た上で，「厳格な法規制の対象となっており，依存性の薬理作用を有する
心身に有害な薬物の認識」があれば故意非難が可能となり，他に特段の事
情がない限り故意が認められるとする見解も有力である [23]．特段の事情が
存する場合の C 説による帰結は，「認識は認定されるが，故意は否定され
る」となる．

21）平城文啓「薬物事犯における故意の認定について」木谷編・前掲注（12）436頁．

22）植村・前掲注（7）131頁．

23）前田・前掲注（20）383頁．

4．D説【故意＝認識（結果発生の認識）＋意思（認容）】

　［裁判例 3-1］・［裁判例 3-2］のように特段の事情により認識・認容を
否定するものはもちろん，
［裁判例 2-1］・［裁判例 2-2］
のように認容自体を否定する
枠組みには，未必の故意にお
いて認識要素と意思要素（認
容）が必要だとの前提が存す
る．D説は，認識要素と意
思要素を故意の要件とする

（図4参照）．そして，意思要素においては，結果発生に対する認容を要
求する．もっとも，かかる認容には，消極的認容も含まれる．特段の事情
が存する場合のD説による帰結は，「認識は認定されるが，認容は認めら
れず，故意が否定される．」となる．

　以上，裁判例において特段の事情が推認を否定する対象は何かという分
析から，未必の故意の要素としてA〜D説の四つの未必の故意の構成を
導いた．かりに，かかる構成の分析が適切であるとするならば，事実認定
の実務が四つの構成を用いて未必の故意を認定している以上，解釈学的理
論としては，かかる四つの構成全てを矛盾なく，故意の本質論（とりわけ
未必の故意）から説明できなければならない．実務の認定自体を問題にす
ることも可能ではあるが，解釈学的理論が理論たるには，その理論が実務
に活用できるものでなければならない[24]．したがって，以下では，未必の
故意に関する学説の分析ののち，未必の故意の要素をどのように解釈・要
件化するかという点を論じる．

24）日髙義博「刑法の理論的対立軸とわが刑法学」専修ロー 12 巻（2016年）3頁.

Ⅳ　未必の故意を巡る議論

　「特段の事情」と「未必の故意」との関係の検討に入る前提として，未必の故意に必要な要素に関する学説を概観し，認識要素と意思要素の関係を検討する．

1．日本の学説

　故意の本質については，かねてから，意思主義と表象主義の対立がある[25]．意思主義からは意欲的要素が，表象主義からは知的要素が故意の本質として必要と解されている．意思主義は今や認容説となり，表象主義は蓋然性説や可能性説に分化している．

　認容説は，行為者が結果の発生を表象した上で，さらにその結果を認容していた場合を未必の故意とする考え方である．行為者が結果発生をやむを得ないもの，またはこれを意に介しないで行為した場合，すなわち結果の発生を積極的又は消極的に認容したときに未必の故意を認めるのである[26]．

　蓋然性説は，単に結果が発生する可能性があると考えただけでは故意を認めるに不十分であり，結果発生の可能性が「高い＝蓋然性」と考えた場合に故意を認めるものである[27]．

　その蓋然性が「可能性」の程度でよいとするのが可能性説である．同説は，結果発生の可能性を具体的に認識したのにもかかわらず行為に出た場合に故意を認めるものである[28]．

　積極的動機説は，結果発生の「認識を自己の行為への積極的な動機付

25）学説分類と未必の故意の系譜に詳細なものとして，玄守道「故意に関する一考察（六・完）未必の故意と認識ある過失の区別をめぐって」立命館法学313号（2007年）54頁以下．

26）小野清一郎『新訂刑法講義総論』（有斐閣，1948年）153頁．

27）前田雅英『刑法総論講義（第3版）』（東京大学出版会，1998年）282頁．

28）髙山佳奈子『故意と違法性の意識』（有斐閣，1999年）148頁．

け」とした，すなわち結果発生の認識が自己の行為の主たる動機となった，あるいは促進する要素となった場合に故意を認める見解である．行為者が行為の遂行に際して結果発生の可能生を表象する場合，この結果表象をなんらかの理由で打ち消す，つまり結果は発生しないとの判断に達すれば，故意は否定され過失が問題となるのに対して，行為者が結果を表象しているにもかかわらず，それを否定せず，そのような表象を有しつつ行為する場合には，当該行為者には故意が認められることになる[29]．

　消極的動機説は，行為を止める動機とすべき事実を認識しながら行為に出ようとすることこそがまさに「罪を犯す意思」にほかならないとする．未必の故意と認識ある過失の区別基準については，結局のところ法が期待するような規範心理を行為者が備えていたと仮定したら（つまり，法の期待する「誠実な人」であったなら），そのような結果発生の可能性の認識が，行為を思いとどまる動機となるようなものであったかで決まるとされている[30]．

　実現意思説では，故意とは実現意思，すなわち「法益侵害または危殆化実現への意思決定」であり，「構成要件該当事実が全体として意思的実現の対象に取り込まれたのかどうか」が故意の限界付けにとって決定的であるとし，未必の故意と認識ある過失の区別基準については，行為者が「かなりの程度の可能性，すなわち蓋然性（結果不発生を当てにすることが不合理な程度の可能性）を認識したときには，回避措置がとられない限り」そのような結果発生は実現意思に取り入れられたのであり，故意は認められるとする[31]．同説に立った別の見解もある．実現意思とは「結果発生に向けて因果経過を予見し，意図した結果を実現し，意図しない付随結果を回避するために適切な手段を投入し自らの行為を操縦する意思」であるとし，その有無の判断に関して，行為者が結果発生の「客観的危険の認識を行為形成にどこまで真摯に計算に入れ，法益侵害結果の回避をどこまで信

29）井上正治『過失犯の構造』（有斐閣，1958年）199頁，208頁以下．
30）松宮孝明『刑法総論講義（第5版）』（成文堂，2017年）182頁．
31）井田良『刑法総論の理論構造』（成文堂，2005年）77頁以下．

頼したのか」によって判断されるという見解である[32].

　相関関係説は，認識要素と意思要素によって相関的に形成された心理状態が故意に相当するものであれば故意を認める．認識要素は，犯罪実現の確実性の認識，蓋然性の認識，単なる可能性の認識，極めて低い可能性の認識などに分けられ，意思要素は，意図，積極的認容，消極的認容，無関心，否定などに分類される．そして，認識要素と意思要素の組み合わせにおいて，どの組み合わせまでを故意とするかが問題とされる．そして，一方の要素が低かったとしても，他方の要素が強ければ故意が認められ，認識要素と意思要素とが補完し合う関係であると解するのである[33].

　実務でも，故意の認識要素と意思要素の相関関係説に立ち，行為者が意図を有していた場合には，意思的要素が高度であるため結果が生じる可能性に対する認識は実行行為性が満たされる程度であれば十分である一方で，行為者が，結果が確実に生じることに対する認識を有していた場合には，認識的要素が高度であるため，意思的要素に対する要求としては行為意思が充足される程度のものであればよいとする見解もある[34].

2. 日本の判例及び裁判例

　認容説を採ったと解されてきたリーディングケースは，最判昭和 23 年3 月 16 日（刑集 2 巻 3 号 277 頁）である．同判例では，被告人が X から盗品である衣類を買い受け，盗品等有償譲受け罪（当時は贓物故買罪）の成否に際し，その衣類が盗品（贓物）であることについての故意が争われた．最高裁は「贓物故買罪は贓物であることを知りながらこれを買受けることによって成立するものであるが，その故意が成立する為めには必すしも買受くべき物が贓物であることを確定的に知って居ることを必要としな

32）山中敬一『刑法総論I』（成文堂，1999 年）297 頁以下.
33）佐伯仁志『刑法総論の考え方・楽しみ方』（有斐閣，2013 年）248 頁.
34）遠藤邦彦「殺意の概念と証拠構造に関する覚書」「植村立郎判事退官記念論文集」編集委員会編「植村立郎判事退官記念論文集：現代刑事法の諸問題〔第 2 巻第 2 編実践編〕」（立花書房，2011 年）203 頁以下.

い或は贓物であるかも知れないと思いながらしかも敢てこれを買受ける意思（いわゆる未必の故意）があれば足りるものと解すべきである故にたとえ買受人が売渡人から贓物であることを明に告げられた事実が無くても苟くも買受物品の性質，数量，売渡人の属性態度等諸般の事情から『或は贓物ではないか』との疑を持ちながらこれを買受けた事実が認められれば贓物故買罪が成立するものと見て差支ない」と判示している．

　認容説なのか蓋然性説なのかが判然としないものとして，福岡高判昭和45年5月16日（判時621号106頁）がある．「被告人にはその意図するような方法で放火すれば，身体の不自由な患者らの間に死傷者が出るかも知れないことの認識のあったことは明らかであり，とくに重症患者で放火地点の真上の病室にいたAおよびBについてはそのおそれが強いことの認識もあったものと認められる．しかして被告人は犯行前患者らを戸外に避難させようという努力を試みてはいるものの，患者らが被告人の意図を察知せず戸外に出ようとしなかったにもかかわらず，多量のガソリンをまいて点火するという危険性の高い方法で放火しているのであるから，被告人は死傷の結果の発生を認容したものであって，被告人には殺人および傷害の未必の犯意があったものといわざるを得ない．被告人が患者らに死傷の結果の発生することを避けたいという気持のあったことは明らかであるが，放火によって死傷の結果が不可避的に発生することが予見され，右結果の発生を防止すべき特別の措置を確実に講じないままに放火したとすれば，右死傷の結果につき責任を負うべきは当然である．」と判示されている．同判決については，認容説の立場を採っているとしつつも，蓋然性説を採ったものとも解しうると指摘されている[35]．

　また，認識と認容を対置させ，どちらも未必の故意において認定するものとして，たとえば，東京地判平成22年7月7日（判時2111号138頁）がある．これは，被告人が酪酸を船内に飛散させ，その臭気等により

35）内田文昭「百選47事件：未必の故意1」『刑法判例百選 I 総論［第二版］』82号（有斐閣，1984年）105頁．

乗組員の業務を妨害することを企図して発射したという事案である．東京地裁は「ガラス瓶そのもの，あるいは，飛散したガラス片及び酪酸の物理的，化学的作用により，その者の人体の生理的機能に障害を生じさせる蓋然性を認識し，かつ，そのような障害が生じてもかまわないとの認容，すなわち傷害の未必的故意をも有していたと認められる．」と判示している．同判決は，蓋然性と認容を「かつ」という文言を用いて対置させており，未必的故意の充足に二つの要素が必要であると解しているように思われる．さらに，認識要素における認識の程度を蓋然性であるとしたものとして，高松高判昭和32年3月11日（高刑特4巻5号99頁）がある．これは，海上保安官を海中に投げ込んだ行為について未必の殺意が認められないとした事例である．「未然の故意とは結果発生の蓋然大なることを認識しながらもその発生を認容する心的状態である．従ってその結果発生の可能性を認識しなかった場合は勿論のこと，これを一応認識したにしてもその結果発生を認容したわけではなかった場合（その結果は発生しないものとしてその行為に及んだのであって，その結果発生が確実であったと仮定したら，その行為をしなかった場合）にも未必の故意を認めることができないのである．」と判示している．同判決では，未必の故意の定義として「結果発生の蓋然大なることを認識しながらもその発生を認容する心的状態である．」とされ，①（未必の故意に必要なのは）結果発生の蓋然性の認識であること，②未必の故意は心理状態であること，を明示した点に意義がある．また，被害者が落とされ海の近くに船もあったことから，被告人に結果発生を否定する意思（ここでは，救助を期待する意思）が認められ，意思要素が否定されたのではないかと思われる．もっとも，救助の蓋然性を認識した上で，結果発生の低い可能性しか認識していなかったから故意が否定されたのではないかとする見解もある[36]．ただ，そうだとしても，可能性の程度によっては，結果を否定する意思自体の検討はなされるだろう．

36）橋爪隆「裁判員制度のもとにおける刑法理論」曹時60巻6号（2008年）44頁.

ここで，同判決が，未必の故意は心理状態であると説示したからといって，直ちに未必の故意に意思要素（認容）が必要とされるわけではないことに注意したい．というのも，故意に関する事実認定とは，法令の解釈によって定められた「故意」に該当しうる心理状態を行為者が有していたことが証拠によって認められるかどうかを判断することとされているからである．未必の故意が心理状態であることと[37]，未必の故意に意思要素が必要であることとは別の問題である．

3. ドイツの学説

　ドイツにおいても，未必の故意（dolus eventualis あるいは Bedingter Vorsatz）と，認識ある過失（Bewusste Fahrlässigkeit）を区別することについては日本と同様の議論がある．学説も，意思説（Willenstheorie）と表象説（Vorstellungstheorie）とが対立している．

　意思説の中では，是認説（Billigungstheorie）と同意説（Einwilligungstheorie）は，結果の予見のほかに行為者がこれを内心で是認（billigen）していたこと，あるいは結果に同意（zustimmen）していたことを要求するものであって，判例も基本的にこの見解に従っている[38]．表象説の中では，結果発生の可能性さえ表象していれば未必の故意を認めるという可能性説（Möglichkeitstheorie）や，その「可能性」以上のものを表象する場合に未必の故意を認める蓋然性説（Wahrscheinlichkeitstheorie）がある．

　また，意思説と表象説の問題点を指摘して，未必の故意の独自の発展的な基準を掲げる者の中で特徴的なのは，主に Engisch，Jakobs，Puppe，Roxin である．

　Engisch は，認識説を基本としつつ，結果に対する無関心な心情の有無を基準として未必の故意を画定する．結果発生に対する，法を尊重する感

---

37) 半田・前掲注（14）47頁.
38) RGSt 33, 4, 6 では「…未必の故意の本質的な要素は…結果を是認することの内に見受けられるのである…」と述べられている.

情が十分に存すれば行為をやめる動機となるところの認識が行為者に存していたにもかかわらず，行為者が無関心な心情を原因として行為に出た場合に未必の故意が認められるとする[39]．

Jakobs は，前提として，故意は主たる結果（Die Hauptfolgen）と随伴する結果（Die Nebenfolgen）に分類されるとし，随伴する結果に関する認識が問題となるのが未必の故意であるという．随伴結果について必要とされる認識は，構成要件結果の実現回避への動機が優勢である者を，実際に回避へと導く程度に重大な危険であるとされる．故意が認められるためには行為者は重大な危険を認識し，それによって「構成要件の実現に蓋然性がないとはいえない」と判断することが必要であるとする．認識内容・対象を規範的に規定し，さらに構成要件結果の実現の判断的性質を伴った認識を行為者が有していたかのどうかによって未必の故意と認識ある過失を区別するのである[40]．

Puppe は，結果を発生させることを目的に行為者が惹起する高度な危険のことを故意危険（Die Vorsatzgefahr）と呼んでいる．たとえば，殺人において行為者の用いた手段が，絞殺や拳銃による頭部への発砲といった，通常一般的な経験則に照らして結果発生にとって典型的なものである場合には，行為者の行為が有効な結果惹起の戦略であるといえ，故意危険が存在するとする．行為者がこのような故意危険を意識していれば，当該結果発生についていかなる心理を有していようとも，故意が認められることになるという[41]．

Roxin は，意思説をベースに「あり得る法益侵害に反する決断（Die Entscheidung für die mögliche Rechtsgutsverletzung)」によって未必の故意の有無を判断する．Roxin によれば，刑法の任務にとって重要なのは，とりわけ是認できない情緒的な態度に基づく法益侵害の阻止ではなく，法益侵害の発生をそもそも阻止する事であるとし，この観点から，行

---

39) Engisch, Untersuchungen über Vorsatz und Fahrlässigkeit im Strafrecht, 1930, S.231ff.
40) Jakobs, Strafrecht AT, 2.Aufl., 1991, S.261.
41) Puppe, Strafrecht AT im Spiegel der Rechtsprechung, 3.Aufl.,2016, S.123f.

為者が実現可能な構成要件に対して決断したのかどうかによって，故意と過失の相違が明らかになるとする[42]．つまり，未必の故意が存する場合は，他の方法では自分の計画を実行できないと考えた行為者が，保護されるべき法益に反する決断をしているのに対して，認識ある過失が存する場合は，そのような法益に反する決断がないのである．このような実現可能な構成要件に対して法益に反する決断をしたか否かを判断するに際して，結果発生の可能性を真剣に受け取ったのかどうかという基準を用いるのである[43]．そして，かかる決断は，規範的な基準によって確定されるものであるから，結果発生の可能性を認識しながらも結果に無関心であるような者も法益に反する決断をしていると評価されることになる[44]．

4. ドイツの判例及び裁判例

　ライヒ裁判所時代には，「故意とは，構成要件実現の認識と意欲を意味する」とされていた[45]．判例において是認説が台頭する契機となったのは，いわゆる革ベルト事例である．当該事例では，強盗殺人における殺人の故意が争われ，行為者らがある家に忍び込み，窃盗を行なうつもりであったが，侵入した際に家人に見つかったため，念のため持参していた革ひもによって当該家人を絞殺した行為が問題となった．行為者自身は被害者の首を革ベルトで絞める際，確かに死の結果を予見はしていたが，しかし単に気を失わせるだけで，殺害する意図はなく，しかも殺害結果を望ましくないと考えていたという場合に行為者に対して殺人の故意が認められるのか，ということが問題となった．BGHは，被告人に故意の謀殺罪を成立させるにあたり，「結果の是認は…認識ある過失から未必の故意を決定的

---

42) Roxin, Zur Abgrenzung von bedingtem Vorsatz und bewusster Fahrlässigkeit, – BGHSt 7, 363.（Besprechung des Urteils des BGH vom 22.4.1955 – 5 StR 35/55）Jus 1964, S.58.

43) Roxinの用いる基準は，もともとStratenwerthが主張していた基準である．Stratenwerthの実現意思説の基準を基礎とし，目的的行為論を用いずに未必の故意を判断するのがRoxinである．詳しくは，Günter Stratenwerth, Strafrecht AT, 4.Aufl., 2000, S.126.

44) Roxin, Strafrechtliche Grundlagenprobleme, 1973, S.231.

45) RGSt 51, 305.;BGHSt 36, 1.

166

に区別する要素であるが，結果が行為者の持つ願望に適してなければならない，ということまでもは意味していない．未必の故意は，結果の発生が行為者にとって望ましくない場合でも認められるものである．行為者が別の方法では自身の目標を達成できない以上，その目的を達成するために，自身の行為によってそれ自体望ましくない結果が惹起されることも受け入れて，たとえ結果が発生したとしても，これを意欲しているような場合には，行為者は，この結果を法的な意味（im Rechtssinne）で是認しているのである．未必の故意においても，行為者はその結果の発生を好ましくないと思うことはあり得る．そのようなことは，ある者が，目的を達成するためには当該手段をどうしてもとらなければならないので，その手段を不本意にも選ぶというようなすべての場合についていえることである．…行為者が，他の方法では自分の目的を達成できないときには不本意な手段を講じてまでもその目的を達成しようと思っていたことによって，その危険をあえて冒して行為した場合は，未必の故意なのである」と判示している．同判示により是認説が明確に打ち出された[46]．しかし，「それ自体望ましくない」と行為者が思っていても，「法的な意味で」是認しているとの判断は，行為者の心理状態において結果の「是認」を要求する従来の是認説とは異なっている．BGH は，是認を要件としながらも，その是認は，心理的内容ではなく，法的な評価であると看取される．

　かかる是認は，行為の危険性からも認められることになる．たとえば，NStZ 2000, 583 は[47]，「行為者が構成要件該当結果の発生を可能であると思いながら，それでもなお行為を続けた場合，それが極めて危険な行為であるときには，行為者が結果発生を是認したと推認するのは当然である」とし，被害者の死を被告人が望ましくないと思っていたとしても，それは殺人の未必の故意の認定を妨げないとした[48]．危険な行為を継続するという客観面から，是認が推認されている．この際，「被害者の死を被告人が

46）BGHSt7, 363.
47）BGH 4 StR 162/00 – Urteil vom. 20. Juni 2000（LG Dortmund）.
48）NStZ 2000, 583.同様の判示をしたものとして，NStZ 1999, 507, 508.

望ましくないと思っていた」という事情は，結果発生を否定する意思として の客観的証明を具備していないと判断されているように思われる．

是認説に立ちつつ，未必の故意の要素に言及しているものとして， NStZ 2012, 443 がある[49]．同判決は「自身の行為のあり得る結果として， 死の結果の発生を認識し（認識的要素），是認しつつ甘受する（意思的要 素）者は，殺人の未必の故意を有している．両要素は事実認定に基づかな ければならない．全ての客観的および主観的な所為事情の全体的考察に基 づくことによってのみ，両要素の肯定ないし否定は導かれうるのである． その際，本質的な指標となるのは，行為者に認識された事情に基づいて， 決定されるべき所為行為の客観的危険性である．意思的要素の評価の際に は，具体的な攻撃態様と並んで，規則的に，行為者の人格，行為時点にお ける行為者の精神状態およびその動機をも，考慮の中に入れなければなら ないのである．」としており，未必の故意の要素として，明確に認識要素 と意思要素を要求している[50]．さらに，両要素が事実認定されなければな らないとし，行為の危険性が本質的な指標であるとしつつ，意思要素にお いては主観面も併せて検討するよう判示している．

その他，判例における「是認」たる文言としては，「是認しつつ甘受す る（billigend in Kauf nehmen）」という文言以外に，「たとえ，行為者に とって結果の発生が望ましくないもの（unerwünscht）であっても」と いう文言も散見される[51]．さらに，「結果が発生してもしかたがない（sich abfinden）と思う」とするものや[52]，「結果をどうでもよい（gleichgültig） と思う」という消極的な意思要素を必要とするものもある[53]．

---

49) BGH 4 StR 608/11 - Urteil vom 23. 2. 2012（LG Bielefeld）．

50) NStZ 2012, 443.

51) NStZ 1989, 144 ; NJW 2011, 2895 ; NStZ 2012, 86.

52) NStZ-RR 2009, 372

53) LG Frankfurt, Urteil vom.V.14.4.1988.

5. 小括

　以上のようにドイツの判例実務は，認識的要素と意思的要素の両方を未必の故意に要求している．一方，日本でも，判例に対して，故意の有無について認識的要素と意思的要素の相関関係という枠組みを用いているとの評価もある[54]．実務の一部でも，どのような判示をするかとは別に，故意犯には「認識」「認容」が必要であり，それが故意概念であるとする見解もある[55]．また，学説上も，認識的要素と意思的要素の両方がなければ故意は認定できないとする見解も有力である[56]．

　加えて，Jakobs は，認識，意欲，どちらが欠けても方向付けを失うのであり，認識と意欲の結びつきは，一つの概念の発展型とされるべきものを「和」（Die Addition）として表現しているという[57]．この点，東京高判昭和61年12月15日（高刑39巻4号511頁）は，爆発物取締罰則の身体加害目的に関して，「故意におけると同様，その対象となる事象に対する認識（将来の事象については予見）という知覚的要素と，その実現へ向けての意図ないしは認容という心情的要素との複合したもの」と判示している．認識と認容が複合的であるということは，Jakobs も「意欲から切り離された認識と認識から切り離された意欲は，刑法上の『始まり（anfangen）』とはなり得ないために，認識と意欲は1つの概念として統一（vereinigen）されなければならない」と述べている[58]．

　しかしながら，認識と意思（意欲）要素が混ざり合っていると解しても，直ちに両者が要件化されるわけではない．両者を必要とする主張の筆頭は認容説である．ここで，日本の判例が認容説を採っているか否かを検討する．前述の「認容説」のリーディングケースである最判昭和23年3

54）高橋則夫「杉本論文へのコメント」高橋則夫・杉本一敏・仲道祐樹編『理論刑法学入門 刑法理論の味わい方』（日本評論社，2014年）173頁．

55）半田・前掲注（14）49頁．

56）佐伯・前掲注（33）248頁．

57）Jakobs, Altes und Neues zum strafrechtlichen Vorsatzbegriff,Zeitschrift für rechtswissenschftliche Forschung, Juli 2010/Heft 3 S.285.

58）Jakobs, (o.Fn.57) S. 286.

月16日における「敢て」という文言から，判例は未必の故意について認容説をとったものと考えられてきた．しかし，「あえて」とは，未必の故意の要件ではないという見解や[59]，そもそも，「それ自体独自の要件というよりも，結局のところ行為者が結果発生の高度な危険を認識しつつ行為したと言う事態全体に対する裁判官の側の評価であるように思われるのである」との指摘がなされている[60]．たしかに，「敢て（あえて）」そして「消極的ながら」等の文言を，単なる裁判官の心証の表明であり，副詞として用いられ，認容の程度に関する意味を加える程度でしかないと解することは可能である．その意味では，「認容は内心上の心理状態としての要件としては機能していない」という指摘も的を射ていると思われる．ただ，この場合，認容説からは，「あえて」の文言ではなく，「容認・意に介する・辞さぬ・認容」という動詞の部分から「認容」を看取することになるだろう[61]．

　この点につき，『裁判員のためのよく分かる法律用語解説』では，「相手を死なせていけないと思えば，鉄の棒で相手の頭を強打することをやめようと思うでしょう．相手が死ぬかもしれないと考えたにもかかわらず，あえて強打するという行為に及んだ場合には相手が死んでも構わないと思った，すなわち殺人罪の未必の故意があったと言える」と記述されている[62]．同記述の「あえて」には意味があるのだろうか．同説明によれば，行為の危険性の認識を重視しているように思われ，「あえて」に認容の要素を取り込んでいるとまではいえないかもしれない．さらに，司法研修所編『刑事判決書起案の手引き』においても，「憤激の余り，同人が死亡するかもしれないことを認識しながら，あえて」と記載されており，「あえて」との文言がここでも用いられている．実際に裁判員裁判でも，たとえ

59）佐伯仁志「故意論（1）」法学教室298号（有斐閣，2005年）43頁以下.

60）玄・前掲注（25）87頁.

61）拙稿「薬物事犯における未必の故意―ドイツ麻薬法の観点も踏まえて―」中大院第44号（2015年）261頁.

62）前田雅英『裁判員のためのよく分かる法律用語解説』（立花書房，2006年）206頁.

ば，横浜地判平成26年1月20日（LLI/DB06950027）では，「被告人
は，被害者が死亡に至る危険性の高いことを認識しながら，あえて本件ナ
イフで」と判示されている．「あえて」が単に裁判官側の評価だとするな
らば，それは「手引き」の未必の故意の記載例に書かれるほど通例な「評
価」であると考えられる．これに対して，裁判官の具体的な一評価をわざ
わざ「手引き」に記載しないと考えるならば，裁判所は認容説を採ってい
るとみることもできよう⁶³⁾．

　これに関して，静岡地判平成22年1月29日（裁判所ウェブサイト）
は，「故意とは，不当な行為をしてはならないという壁に直面していなが
ら，あえて，その壁を乗り越えたことが非難に値する，という点に本質が
ある．従って，不当な行為だと認識していない人は壁に直面していない
し，そもそも，壁に直面する可能性のなかった人を，非難することもでき
ない．しかしながら，通常は誰もがその壁に直面できる状況にあり，か
つ，被告人も，壁に直面する可能性が十分にあったにもかかわらず，被告
人が勝手に目をつぶっていたために，その壁に気付かなかっただけの場合
は，やはり，被告人が壁に直面する機会を自ら無駄にしてしまったその人
格態度自体を，非難することができるものと解すべきである．」と判示し
ており，結果発生に無関心な者についても故意を認定している．したがっ
て，「あえて」との文言は規範において見受けられるものの，実際には結
果発生に無関心である心理状態の行為者に故意が認められているのであ
る．一般的に，無関心は認容とはいえないことからすると，「あえて」に
は認容のニュアンスが含まれていないようにも思われる．

　畢竟，裁判例からは「あえて」が認容たる意味を有するか否かが判然と
しないのである⁶⁴⁾．このような理解のもと，次項では，認識説・意思説を
巡る問題について文献において多く取り上げられている裁判員裁判に関す
る司法研修所の提言を検討したい．

63）中川博之・真鍋秀永・末弘陽一（大阪刑事実務研究会）「殺意（上）」判タ1362号（2012年）50
頁．
64）半田・前掲注（14）61頁．

Ⅴ　司法研修所の提言と阻止闘の理論

1.　司法研修所の提言

　司法研究において，「被害者が死ぬ危険性の高い行為と分かっていながらそれでも（あえて）行為に及んだことが認められるならば，それは死んでも構わないという気持ちを持つことがその者の人格的な態度であって，裁判例ではそのような態度をもって殺意と評価すべきものが認められると判断してきたといえよう．それは，具体的な気持ちや心情を認定するものではなく，裁判所による殺意についての規範的な解釈（理解）をした上でその存在を認定したものというべきであろう」とされている[65]．未必的殺意が争われる事例において，模擬裁判員にとっては，学説上よく言われるような「相手が死ぬかもしれないが，それでも構わないと思い，あえて行為に及んだかどうか」という認容説による判断の仕方の説明だけでは足りず，「人が死ぬ危険性の高い行為をそのような行為であると分かって行ったかどうか」という補足的な説明（＝提言）が加わってはじめて，混乱を招かずに殺意の認定・判断ができるとされている[66]．

　提言に則って判示をしていると思われるものとして，鹿児島地判平成24年2月7日（裁判所ウェブサイト）がある．同判決では「被告人は，被害者を死亡させる危険性が高い行為を，それと分かって行ったものといえるから，被告人には殺意があった」と判示されており，行為の危険性から未必的な殺意を認定している．

　もっとも，かかる提言については，侵害犯の場合，行為の危険性のみで故意を肯定してはならないとの批判や[67]，人が死ぬ危険性の高い行為との認識だけでは殺人罪と傷害致死罪の区別ができないとの批判がある[68]．ま

65）司法研究・司法研修所編『難解な法律概念と裁判員裁判』（法曹会，2009年）16頁.
66）司法研究・前掲注（65）14頁.
67）髙山佳奈子「薬物輸入の故意」法時85巻1号（2013年）7頁.
68）半田靖史「裁判員裁判の判決書からみた『殺意』概念」法時83巻1号（2011年）93頁.

た，結果に対する構成要件関連性が失われてしまうとの指摘もある[69]．加えて，動機説に近くなったという評価もなされている[70]．実務では，本人が殺意を否定したとしても，相手の頭にけん銃を突き付けて発射したときのように，客観的状況その他の情況証拠から殺意が認められる場合はもちろん存在する[71]．なぜなら，殺意は事実ではあるものの，刑法上の概念であるから，その認定は，生の心理状態を規範的に評価して，人の死亡という結果発生に対する認識・認容があったといえるかを判断するものだからである[72]．この意味で，実務では故意とは，行為者の持つ意識というよりも，行為者の一定の行為に対して外から与えられる意味であるといえる[73]．

　そのように解すれば，とりわけ，行為者が故意を否認している事案などでは，行為者の有する危険性の認識だけで未必の故意が判断されることになる．かといって，Puppe のいう故意危険の認識だけで故意が認められてしまうとするならば，心理状態を全く認定する必要がなくなってしまう点で，判例の実情にそぐわないと思われる．

　したがって，意思要素と認識要素が複合的なものであるならば，認容ではないにしても，何らかの形で行為者の意思を未必の故意において考慮する必要があるのではなかろうか．というのも，実務的にみて，「特段の事情」のように，主観的な側面の事実を拾うことになるのであるから，要証事実が増加し，検察側・弁護側の両者にとって有益となるはずだからである[74]．

　もっとも，危険性の認識のみで未必の故意を認める認識説も，行為者に「行為に出る意思（意思的要素）」が伴っていることを否定できない[75]．

69) 高橋則夫「裁判員裁判と刑法解釈─司法研究報告書を素材に─」刑ジャ18号（2009）4頁.
70) 浅田和茂ほか「裁判員制度によって刑法理論はどう変わるのか」刑弁56号（2008年）31頁.
71) 半田・前掲注（14）40頁.
72) 原田保孝「殺意」小林＝植村編・前掲注（7）381頁.
73) 小倉正三「暴行・傷害の有無（2）─故意の有無」小林＝植村編・前掲注（7）405頁.
74) 大庭沙織「故意の意的要素の必要性」早稲田法学会誌65巻1号（2014年）169頁.
75) 杉本一敏「故意はどこまで客観化されるべきか」高橋・杉本・仲道編・前掲注（54）171頁.

Bung は，「故意の本質は，行為に出る決断の点にある．」という[76]．
Hassemer も，ある行為に出る「決断」の中には，その行為によって確実
あるいは可能的に惹起される結果に対する意思的な関係も常に存在してい
るという[77]．この決断をなすには，一定程度の時間が必要である．激情犯
のように，結果発生の危険性が一瞬だけ頭をよぎった場合に，認識のみで
故意犯としての重い責任を問うのは妥当ではない[78]．玄教授は，「故意を認
めるためには行為者が構成要件実現に対して一定の判断を下していること
が必要となるが，この判断とは対象に対する評価をいう」とし，判断には
一定の時間を要するという[79]．認識に加え，一定の判断を要求する点につ
いては，前述 Jakobs 説と同様に正当であると思われる．また，Roxin 説
の，「保護されるべき法益に反する決断」も，行為者の認識だけでなく，
決断を認定する点，結果発生の可能性を真剣に受け取ったか否かの判断に
際して，規範的な評価を加える点で，判例実務と整合的である．橋爪教授
は，認容説の立場からも，たとえば，結果発生の高度の蓋然性の認識があ
る場合には事実上，消極的認容が認められるのであるから，あえて認容の
存否を問題にする必要がないという[80]．Roxin も，「こういった蓋然性の認
識があるのにもかかわらず，行為者が行為をするとき，法益侵害の決意が
見られるのが普通である．」とする[81]．

　以上の検討に照らせば，何らかの行為をする時点において行為者には必
ず「意思」が存することになる．もっとも，作為と不作為では「意思」の
度合いや認定方法が変化し得る．作為においては，作為に出た以上，行為
に出る決断・判断が存するので，意思が認容か否かはさておき，作為には

76）Bung, Wissen und Wollen im Strafrecht, 2009, S.168.
77）Hassemer, Kennzeichen des Vorsatzes, Gedächtnisschrift für Armin Kaufmann, 1989, S..289ff.
78）玄守道「未必の故意とは何か？―概念，学説，司法研究報告書基準の検討」法時83巻1号
　　（2011年）87頁.
79）玄守道「判批」（高松高判平27・9・15）『新・判例解説 Watch 刑法 No.110』（2016年）3頁.
80）橋爪・前掲注（36）43頁（注103）．もっとも，橋爪教授は認容説を否定しているわけではない．
81）Roxin/Greco, Strafrecht.AT I, 5.Aufl.,2020,§12 Rn 46.

「意思」の発現がある[82]．しかしながら，不作為の場合には，「すべきことをやらない」という決断・判断が不作為自体から看取し難い．したがって不作為犯においては，認識だけでなく，認容を明示的に認定する必要があると思われる[83]．また，前述（Ⅱ5）の通り，幇助などの共犯類型にも同じことがいえるだろう．

したがって，提言のいう「死亡させる危険性が高い行為を，それと分かって行った」場合には，その行為自体から，殺害へ向けた「意思」が看取されることになる．

半田元判事は，司法研修所の提言の枠組みについて，「最も決定的な間接事実によって殺意すなわち死亡結果に対する認識（・認容）を事実上推定する道筋を呈示したものと解すべきであり，特段の例外的事情がない場合に殺意が認定できる．この例外的事情としては，検問の警察官が並んでいるところを自動車で突っ切ったとき，それが警察官を跳ねて死亡させる危険性の高い行為であるとは分かっていたが，警察官はギリギリ身をかわすだろうから，衝突しないで済むと信じたというケースが考えられる（無鉄砲事例と違い，結果発生の蓋然性の認識がない）」とする[84]．ここで同判事により挙げられた設例は，ドイツの阻止閾の理論の判例である．次項では，特段の事情との関連で，阻止閾の理論について考察する．

2．阻止閾の理論

BGHは，従来「阻止閾の理論」を用いて殺人の未必の故意の認定を行なってきた[85]．その際，BGHは阻止閾の理論によって，行為の危険性のみを理由とした故意の認定を回避している[86]．阻止閾の理論を持ち出すこと

82）最判昭和62年9月22日（刑集41巻6号255頁）．

83）半田・前掲注（14）59頁．不作為犯の未必の故意については，拙稿「不作為犯の未必の故意」刑法雑誌62巻1号（2023年）81頁以下を参照．

84）半田・前掲注（14）72頁．

85）拙稿「致死的な攻撃の逸脱—方法の錯誤」比較法雑誌48巻3号（2014年）408頁以下．

86）Torsten Verrel, (Noch kein) Ende der Hemmschwellentheorie ?, NStZ 2004, S.309.

により，主観を含めた全事情を評価する必要性を説いているのである．阻止閾の理論は，1982年のBGHの判例にて初めて登場した．これは，警察が100m先でバリケードを張っているのを認識した行為者が，停止せずに車でバリケードを突破しようと考え，時速70kmの速度を維持したまま走行し，警察官はなんとか行為者の車両を避けることができたという事案であった．LGは，自動車を停止させずに強行突破しようと警察官へ向かったという事情から殺人の未必の故意を認定した．これに対しBGHは，「行為者は警察官を危殆化することを甘受しているが，その死まで甘受しているとはいえず，殺人の故意の前には，危殆化する故意よりも非常に高い阻止閾がある」ことを明らかにした[87]．その際の阻止閾の定義は，行為者が行為をする際に，致死結果を惹起しうることを行為者に警告し，その行為に出ることを思いとどまらせる働きを有するというものであった[88]．

　同判決以降BGHは，「危険な暴力行為が，それ自体として未必の故意の徴表となるわけではなく，阻止閾を乗り越えたかどうか，個々の事例において未必の故意が実際に存在するか否かが検討されなければならない」と判示している[89]．つまり，殺人の未必の故意には，危険な行為の存在と併せて，阻止閾を乗り越えたことが必要とされているのである[90]．

　このように阻止閾の理論は，殺人の未必の故意の認定において，BGHによって用いられてきた[91]．たとえば，openJur 2010, 4626では，「確か

87）BGH, 29.01.1982 - 3 StR 496/81 ; StV 1982, 509.

88）大庭沙織「未必的な殺人の故意と連邦通常裁判所の『抑制をかける心理的障壁論』」早稲田法学88巻2号（2013年）329頁.

89）BGH 4 StR 105/94 - Urteil vom7.6.1994.

90）BGH StV 1984, 187.

91）Thomas Trück, Die problematik der Rechtsprechung des BGH zum bedingten Tötungsvorsatz, NStZ 2005, 233. もっとも，1990年台における阻止域の理論に関する判示や，2000年台における同理論の意義や必要性に対する批判的な見解などには紙幅の都合上割愛する．同理論の系譜，位置付け，判例の分析など詳細な検討を加えるものとして，大庭沙織「ドイツ連邦通常裁判所の殺人の故意に関する『抑制をかける心理的障壁論』と故意概念(1)～(3)完」島大法学601・2号（2016年）1頁以下，島大法学62巻2号（2018年）1頁以下，島大法学62巻3・4号（2019年）83頁以下を参照.

に，極度に危険な暴力行為の場合には，『その際被害者が死に至る可能性』をも行為者が考慮に入れていたということが容易に想定される．しかしながら，殺人に対する高度な阻止閾に鑑みて，常に『行為者が死の危険を認識していなかった，あるいは，少なくとも，この結果は発生しないことを信頼していた』という可能性が考慮に入れられなければならない．それゆえ，殺人の未必の故意が存するという帰結は，事実審裁判官が，その結論を疑問視する全ての事情を自身の考慮に入れた場合にのみ法的に誤りのないものとなるのである．」と判示されている．原則として，危険な暴力行為自体から，殺人の未必の故意が認められるが，阻止閾の理論により，①危険性の認識がない場合，②発生しないことを信頼していた場合，を検討することが求められている．①危険性の認識がない場合は，「認識」，②発生しないことを信頼していた場合は，「結果発生を否定する意思」だといえる．そして，①と②が並列に置かれていることから，本章の分類によれば，C説【故意＝認識（結果発生の認識）＋意思（結果発生否定意思の不存在）】やD説【故意＝認識（結果発生の認識）＋意思（認容）】の構成を採っていると評価できる．

　さらに，NStZ 2007, 307 では，「殺人の故意の前には危殆化あるいは傷害の故意よりも著しく高度な阻止閾が存在するのであるから，判決理由においても同様に，『行為者が殺害結果をあり得ると予想していたか，そしてそれに基づいて，結果が発生しないことを真摯に信頼していたか』が検討されなければならない．このことは，とりわけ人の殺害のような非常に重大な所為に関する納得できる動機が欠けている場合に，妥当するのである．」と判示されており，結果が発生しないことの信頼は，真摯なものでなければならないとされている．この真摯性は，客観的に規範的になされているので，その点では，本章の理解（上述Ⅲ）と合致する．

　加えて，客観的な危険性と意思要素の関係を明示したのは，NStZ 2009, 210 である．同判決では，「意思要素についても，危険な暴力行為の生命への危険性が，重大な証拠である．しかしながら，高度な，殺人に対する阻止閾に鑑みれば，個々の事態のあらゆる事情を考慮して，致命的

な傷害の可能性を考慮しているのにもかかわらず，その危険な行為を実行する行為者が，被害者の死を是認しつつ甘受していたかどうかは，注意深く吟味されなければならない．この吟味にあたって，とりわけ具体的な攻撃方法，行為遂行時の行為者の精神状態，ならびにその動機が考慮に入れられなければならない．」とされ，危険性が意思要素の証拠とされている．危険性を認識して行為をする者には，その行為から意思（是認）が推認できると解されている．この点は，司法研究の提言と一致する．ここでいう「吟味」においては，「特段の事情」と同様，行為者の主観や動機等，結果発生を否定する意思たりうるものが検討されている．また，阻止閾の理論が，意思要素である是認の推認を妨げる役割を担っている点は，本章のD説【故意＝認識（結果発生の認識）＋意思（認容）】と合致する．

　もっとも，2012年の判決において，阻止閾の理論は，StPO261条【自由心証主義】の中で考慮し尽くされており，殺人の未必の故意の認定の際には用いられないと判示されたが[92]，その後，2013年の決定以降[93]，ふたたび未必の故意の認定において同理論への言及があった[94]．BGH, Urteil vom 17. 7. 2013–2 StR 176/13（NStZ-RR 2013, 341）では，「自身の行為のあり得る結果として，死の結果の発生を認識し（認識的要素），是認しつつ甘受する（意思的要素）者は，殺人の未必の故意を有している．両要素は事実認定に基づかなければならない．全ての客観的および主観的な所為事情の全体的考察に基づくことによってのみ，両要素の肯定ないし否定は導かれうるのである．その際，本質的な指標となるのは，行為者に認識された事情に基づいて決定されるべき所為行為の客観的危険性である．極度に危険な暴力行為の場合，少なくとも殺人の未必の故意が容易に認定される．しかし，例えば，行為者が，自身の行動が生命を危殆化すること

---

92) Fischer StGB, 64.Aufl.,2017, §212 Rn.16a.

93) BGH, Beschl. v. 27. 8. 2013 — 2 StR 148/13（LG Frankfurt a. M.）.

94) Puppe, Tötungsvorsatz und Affekt – Über die neue Rechtsprechung des BGHzum dolus eventualis in Bezug auf den möglichen Todeserfolg bei offensichtlich lebensgefährlichen Gewalthandlungen, NStZ 2014, S.183ff.

になることを示すあらゆる事情を認識したのにもかかわらず，行為時に精神障がいによる能力の減退ないしアルコールの影響の結果として殺人の危険性が，行為者に認識されない場合がある．このように，行為者が自身の行動が生命を危殆化することになることを示すあらゆる事情を認識したのにもかかわらず，個々の事実において故意の認識的要素あるいは意思的要素が欠けうる場合があるのである．」と判示されている．一旦，「認識」が認められた上で，認識要素あるいは意思要素が欠けることにより，未必の故意が否定されるとの枠組みは，本章の C 説【故意＝認識（結果発生の認識）＋意思（結果発生否定意思の不存在）】あるいは D 説【故意＝認識（結果発生の認識）＋意思（認容）】と合致する．

　また，阻止閾の理論において故意を否定する側の事情の検討を要求する事案として，NStZ 2014, 35 がある．同決定では「自らは暴力行為を行わなかった被告人 S に関して，LG は，もっぱら，被告人 S が被告人 G 及び H が暴力を行使しているのを知覚していたという事情のみによって殺人の未必の故意を導き出している．しかしながら，それによれば，故意の認識的要素のみが裏付けられるだけである．というのも，暴力行為の知覚だけでは，少なくとも致死結果を未必的に甘受していたという推認をただちには正当化しないからである．確かに LG は，適切にも，極度に危険な暴力行為においては，人の殺害に関する高度の阻止閾が存在するのにもかかわらず，殺人の未必の故意が容易に想定されるということに基づいてきていた．このことは，とりわけ，行為者が—ここでは被告人 G であるが—自身の敵を地面に打ちのめし，続いて，その結果として無抵抗となった被害者の頭部や腹部のあたりを幾度も踏みつける場合にも妥当する．しかしながら，特に危険な暴力行為から殺人の（未必の）故意を推認することは，事実審裁判官が個々において問題となっている，故意を疑問視する事情をも自身の考慮に含めた場合にのみ，法的に誤りのないものとなるのである．このことがここで欠けているのである．」と判示されている．

　ここで，危険な暴力行為から殺人の未必の故意を推認するためには，故意を疑問視する事情をも考慮に入れることが要求されている．そして，同

事案では，「被害者をディスコから運び出す」目的が考慮の対象となっている．同目的は，殺人という結果発生と相容れないものであるから，「結果発生を否定する意思」に関する考慮が，殺人の未必の故意において必要だと解されていることになる．

つまり，行為の生命に対する明白な危険性から容易に推認される「認識」・「是認」・「未必の故意」を妨げ得る事情をも取り込み，故意を否定する契機を設ける機能を有するのが阻止閾の理論ではないかと考えられるのである[95]．

この限りでは，（殺人の未必の故意における）阻止閾の理論と特段の事情は，同一の役割を果たしていると考えられる．すなわち，行為の危険性から故意が推認されるのを妨げる働きである．このように解すれば，司法研究所の提言を裁判員裁判において活用するに際して，とりわけ，危険の認識のみで未必の故意を認める「殺意の客観化」の危惧がなされている現状において[96]，阻止閾の理論は，客観的故意への歯止めとして大いに寄与しうるであろう．

Ⅵ 未必の故意の要素

前章までの考察を基に，解釈学的理論として，四つの構成（A〜D説）全てを矛盾なく，故意の本質論（とりわけ未必の故意）から説明することを試みる．まず，上で得た考察を以下に示す．
①未必の故意に認識と意思は必要である．
②判例・裁判例には「認識」・「認容」どちらも散見される．

---

95) 拙稿「極度に危険な暴力行為における殺人の未必の故意」比較法雑誌49巻3号（2015年）151頁.
96) 個別事情を抽象化し，心理状態の認定を曖昧にしたまま生命に危険な行為として客観化してしまう裁判例が存在し得る．また，そのような殺意の客観化は，事実上，客観的故意を認めることにつながる恐れがある．笠井治「問題点の抽出と解決の方向性について」法時83巻1号（2011年）100頁.

③判例・裁判例において，特段の事情により，「認識」，「認容」，「認識・認容」，「故意」それぞれが否定されることがある．

④不作為犯や共犯の事案では，意思要素としての「認容」が認定されている．

⑤故意の認定とは，心理状態に法的な評価をあたえることである．

⑥結果が発生しないように期待をすることや，結果が発生しないことを信頼することは，客観的・規範的に認定されるものであり，この存在が認められることより故意が否定され得る．

⑦「あえて」の文言から直ちに「認容説」は導かれない．

⑧意思において，無関心な心理状態の者にも故意が認められている．

⑨危険な行為自体から，行為者の意思が看取される．

⑩司法研修所の提言は，殺人の未必の故意の推認の一方法を示したものである．

⑪殺人の未必の故意の検討において，阻止閾の理論と特段の事情は同じ役割を有する．

　これら，①～⑪を前提とし，A説【故意＝認識（結果発生の認識）のみ】，B説【故意＝認識（結果発生の認識＋結果発生否定意思の不存在）】，C説【故意＝認識（結果発生の認識）＋意思（結果発生否定意思の不存在）】，D説【故意＝認識（結果発生の認識）＋意思（認容）】の四つの構成を，主たる学説である認識説（蓋然性説）と意思説（認容説）を用いて検討する．

　まず，認容説にとって，D説の構成はもっとも整合的である．C説の構成は，意思要素を要件とする点においては整合的であるものの，結果発生を否定する意思の不存在を示すようなものであれば，⑧のように無関心であってもよいのであるから，厳密には「認容」ではなくなるという側面がある[97]．B説およびA説の構成は，意思要素を未必の故意の要件としな

97）無関心と，結果発生を認容している心理状態が，ともに等しく「認容」にあたるとするのは文言解釈上，無理があろう．玄守道「裁判員裁判と未必の故意」犯罪と刑罰21号（2011年）16頁．

い以上，認容説とは合致しない．

　次に，認識説にとって，A 説の構成はもっとも整合的である．B 説の構成は，認識のみを要素におく点では整合的だが，認識が充足されるか否かの検討において，結果発生を否定する意思の不存在を吟味する点で，意思的要素を考慮に入れていることになる．もっとも，要件としてではなく，認識が認められるか否か，における証拠判断の一つの材料と解することも可能である．C 説の構成は，意思要素を要件としている点は一見すると認識説と整合しない．しかし，認識が存すれば原則，未必の故意が認められ，特段の事情（結果発生を否定する意思）があれば，「認識は認定されるが，故意は否定される」との帰結になるのであり，終局的には，「認識」こそが未必の故意の核たる要素となっているので，認識説と C 説は矛盾しない．そして，D 説の構成は，たしかに，意思要素，とりわけ認容を要件とする構成であるので，認識説とは相容れないように思われる．しかし，⑨のように危険な行為から，行為者の意思が看取されるとするならば，認識説によっても，認識した結果として，常に，結果的に意思は存すると解し得る．あるいは，認識に対して与えられる法的な評価としての意思要素が顕在化するときがあると解することも可能かも知れない．そして，不作為犯や共犯の場合には，行為自体から意思が読み取れないので，認識要素の充足から生じた結果である「意思（認容）」を認定しているとも考えられ得る（図 5 参照）．

図 5　未必の故意の要素の構成と認容説・認識説（出所：筆者作成）

未必の故意の要素の構成	認容説	認識説
A 説【故意＝認識（結果発生の認識）のみ】	×	◎
B 説【故意＝認識（結果発生の認識＋結果発生否定意思の不存在）】	×	◎
C 説【故意＝認識（結果発生の認識）＋意思（結果発生否定意思の不存在）】	△	○
D 説【故意＝認識（結果発生の認識）＋意思（認容）】	◎	△

　以上の考察によれば，判例及び裁判例における未必の故意の判断枠組み

を説明するには，少なくとも相対的には認識説が妥当であることが明らか
となった．ここにいう認識説とは，可能性説，蓋然性説，動機説等であ
る[98]．また，相関関係説（及び実現意思説）は，認識と認容を両方考慮す
るものであるから，認識の程度は問題になるものの，事案によっては，全
ての構成（A・B・C・D）に対応し得るものといえるだろう．

Ⅶ　本質論からの若干の検討

　前項までは，裁判例における故意の事実認定，とりわけ「特段の事情」
が問題となった事案の分析を基礎とし，そこから遡って，未必の故意に必
要な要素とは何か，を検討した．つまり，どう在るべきか，ではなく，ど
う在るのかを明確にすることを試みた．その一方で，本項では，故意その
ものの本質に目を向ける．

　学説においては，「故意または過失の本質は結果に対する認識または意
欲それ自体にあるのではなく，それが反対動機として作用するか否かの点
にあるということに帰着する」との見解も見受けられる[99]．また，「故意の
機能として，責任を問うための心理的基礎であるという点を強調すると，
故意の認識的要素と意思的要素が相まって，行為者に対して反対動機とし
て作用することが必要であり，認識の範囲，程度は行為者に反対動機とし
て作用する程度であればよい」との見解もある[100]．「犯罪的故意と言える
ためには，意志と行為との間に有機的関連性を見出すことのできるもので
なければならないからである．認識的要素が存在し，そのうえに意志的要
素が加えられてはじめて，意志と作為との有機的関連性を見出すことがで

98）もっとも，結果発生の認識については，少なくとも可能性以上が要求されるべきである．玄守
　　道「裁判員制度のもとにおける未必の故意—それはいかに説明され，認定されるべきなのか—」
　　龍谷法学42巻3号（2010年）607頁．
99）瀧川幸辰『刑法雑筆』（文友堂，1937年）123頁.
100）日高義博『不真正不作為犯の理論（第2版）』（慶應義塾大学出版会，1983年）46頁.

き，犯罪的故意を確定することができるのである．認識的要素は反対動機形成の土壌を生成し，意志的要素は反対動機の存否を確定するのである.」とされる[101]．

　また，（主に社会的行為論に近いが）行為に対する評価をするためには，（故意とは異なる，故意以前の）行為を動かす動的な意思，すなわち行為意思を見ることになる[102]．これらにかんがみると，そもそも認識と行為の間には，「行為連関性」が存し[103]，これにより，認識を有したうえでの行為者の行為が行為意思としての外部的評価を受けるといえる[104]．行為意思と行為連関性を持った認識に対し，規範的な評価として，認識を前提に故意を認定することになる．作為の場合には，特段の事情のない限り[105]，作為をなした以上は，「認識した結果の方向に向かうという本人の意思作用」が認められ（これが行為意思である），「その結果，認識と意思とのつながりを肯定することが可能」となる[106]．これが行為連関性である．行為と認識が「行為連関性」をもって結びついている場合に，これに対して規範的に故意を認定できる（図6参照）．

101）日高義博「不真正不作為犯の故意の実体（下）」警察研究45巻12号（1974年）23頁.

102）高橋則夫『刑法総論（第5版）』（成文堂，2022年）90頁. 同91頁では，行為意思は行為の要素であるとともに行為者関係的な行為意思としての地位を有し，（要素として）構成要件的故意と責任故意にもなるとされている.

103）Hassemer,（o.Fn.77.），S.289ffも，ある行為に出る「決断」の中には，その行為によって確実あるいは可能的に惹起される結果に対する意思的な関係も常に存在しているという.

104）小倉正三・前掲注（73）では，「実務では故意とは，行為者の持つ意識というよりも，行為者の一定の行為に対して外から与えられる意味である」とする.

105）ここでいう特段の事情とは，結果回避意思の存在等により，「認識した結果の方向には向かわないとの意思作用」が認められ，「認識と実現意思とのつながりが否定される」場合である. 曲田統「未必の故意」立石二六編『刑法総論30講』（成文堂，2007年）155頁.

106）曲田・前掲注（105）155頁.

図6　一般的な作為犯　筆者作成

　作為犯では，作為（行為）自体から行為意思が読み取れ，行為意思と結びついた認識によって，反対動機形成が可能であると思われるため，認容などの意思的要素は反対動機形成に必須ではない．もっとも，一定の意思的要素の存在により，認識は存するものの，反対動機形成可能性が欠如する場合があり得る[107]．これが「認識はあるが，認容はない」という状態を示すものと考えられる．かかる文脈では，未必の故意における「意思的要素」は必ずしもすべての場合において必要なものではなく，行為連関性が行為から客観的に看取できない場合のみ，補完的な消極的構成要素として登場するにすぎないものであると考えられる．

　これに対して，不作為の場合，とりわけ不真正不作為からは，行為意思が読み取りづらいため，意思的要素をもって，行為意思の認定を補完し（＝行為連関性を認める），反対動機形成が可能な行為意思と結びついた認識が行為者に存することで，行為についての故意責任が問える（図7参照）．

---

107)「付随結果」という文言で示すならば，付随結果に対する認容がない場合である．玄守道「第4章故意の構造」松宮孝明編『ハイブリッド刑法総論』（法律文化社，2009年）89頁によれば，認容とは，付随結果を認識しつつも，比較考慮により，自己の目的実現を重要視したため行為した場合に認められる．

図7　不作為犯や一部の作為犯　筆者作成

　その補完においては，「不作為そのものの認識（＝自己の行為能力の認識，自分が結果回避できる能力の認識）」が要求されることもあり，かかる認識を認定することで，行為意思の認定により，反対動機形成が可能な行為意思と結びついた認識があるという故意の前提を満たす必要があると考えられる．

　畢竟，認識と行為との行為連関性が見出しにくい不真正不作為犯や一部の作為犯において，意思的要素である「認容」等を認定することで，行為意思を確定させ，行為と認識の行為連関性を補完しているのではないかと思われる[108]．

108）もっとも，かかる主観面の行為意思の認定は，同価値性の要件ではない．不作為も作為義務に
　　反する場合には違法ではあるが，それは結果惹起性を有する作為のそれと比較すると弱いといわ
　　ざるを得ないとの認識を前提とし，その客観面のマイナスを主観面のプラスで補う見解（藤
　　木英雄「ひき逃げと不作為犯」警研33巻9号（1962年）16頁）もあるが，故意を違法要素と
　　解する点の検討を措くとしても，確かに故意という主観面が客観面を補い得るものと考えてよ
　　いかには疑問が残らざるを得ない（萩野貴史「不真正不作為犯における構成要件的同価値性の
　　要件について（2）」名古屋学院大学論集社会科学篇50巻4号（2014年）161頁）．

Ⅷ　おわりに

　従来，未必の故意の議論は，故意の本質論から出発するものであった．しかし，本章では，裁判例における故意の事実認定，とりわけ「特段の事情」が問題となった事案の分析を基礎とし，そこから遡って，未必の故意に必要な要素とは何か，を検討した．つまり，どう在るべきか，ではなく，どう在るのかを明確にすることを試みた．

　そして，本章は，特段の事情に関する裁判例の考察を基に未必の故意の成立要件について，A説【故意＝認識（結果発生の認識）のみ】，B説【故意＝認識（結果発生の認識＋結果発生否定意思の不存在)】，C説【故意＝認識（結果発生の認識）＋意思（結果発生否定意思の不存在)】，D説【故意＝認識（結果発生の認識）＋意思（認容)】の四つの構成が考えられることを示した．また，認容説よりも認識説の方が，相対的に裁判例における未必の故意の認定を説明可能であるとの帰結を得た．

　さらに，本章の理解によれば，ドイツで用いられている殺人の未必の故意における阻止閾の理論と特段の事情は，同一の役割を果たしていることになる．すなわち，行為の危険性から故意が推認されるのを妨げる働きである．このように解すれば，司法研究所の提言を裁判員裁判において活用するに際して，とりわけ，危険の認識のみで未必の故意を認める「殺意の客観化」の危惧がなされている現状において，阻止閾の理論は，客観的故意への歯止めとして大いに寄与しうるであろう．

　さらに，故意の本質論との関係で，行為意思と行為連関性を持った認識に対し，規範的な評価として，認識を前提に故意を認定することになるとの考察を得て，未必の故意における「意思的要素」は必ずしもすべての場合において必要なものではなく，認識と行為意思との行為連関性が行為から客観的に看取できない場合のみ，補完的な消極的構成要素として登場するにすぎないものであると結論づけた．

第6章

実行行為と客体の認識について

Ⅰ　はじめに

　窃盗や強盗において行為者によって追求された財物が，実際に奪取した
容器（たとえば，箱）の中に存在しなかった場合，ドイツの通説によれ
ば，強盗罪あるいは窃盗罪の未遂が認定されている．なぜなら，行為者の
表象における所為客体（Tatobjekt）は，具体化（たとえば，「現金」）さ
れており，所為客体は「箱の中に存在する他人の物」とはおよそ描写され
ないからである．したがって，奪取あるいは領得の対象に関する錯誤は，
強盗罪あるいは窃盗罪の主観的構成要件を阻却する[1]．つまり，ドイツに
おいては，具体化説（Konkretisierungstheorie，本書1章参照）が通説
となっていることから[2]，行為者が客体の認識を欠く以上，既遂の奪取の
故意が認められない．

　もっとも，行為者が奪取しようとした金額と実際に領得した金額に差異
があったとしても，強盗罪の成立は妨げられないとされている[3]．たとえ
ば，Aが5ドイツマルクを奪おうとしてBを殴打し，Bが所持していた
財布を開けて中を見たところ，5ドイツマルクを超える多額の金員が入っ
ていたので，その金員をすべて領得したという事案についてBGHは，全
体について単一の強盗既遂罪が成立するとしている[4]．

　その一方で，BGHは，被告人が，被害者の所持するハンドバッグの中
にあると思われる現金を奪おうとして，暴行を用いてハンドバッグを奪い
取ったものの，中身を確認したところハンドバッグの中には現金が入って
おらず，ハンドバッグを放り投げたという事案につき，強盗罪の未遂を認

---

1) Böse, Der irrtum über den Gegenstand von Wegnahme und Zueignung beim Diebstahl
（§242StGB），2010, S.1031.
2) Kindhäuser, NK-StGB5, 2013, §16 Rn33.
3) Eser in Schönke/Schröder, StGB Kommentar 30. Aufl., 2019, §249 Rn. 9.
4) BGHSt 22, 350.

定している⁵⁾.また，被告人が被害者の財布を，暴行を用いて奪ったが，
後に財布の中身を確認したところ硬貨しか入っていなかったため財布を投
げ捨てたという事案について，強盗罪の既遂が成立するとした判例もあ
る⁶⁾.同事案ついては，被告人はいくらかの金銭を強取し，ある程度はそ
の目的が達成されていたことから，BGH は，客体の価値に関する錯誤が
強盗既遂の成立を妨げないと判断したのだと解されている⁷⁾.

このように，ドイツにおいては，未遂・既遂の成立時期に関する判断に
際し，行為の客体に対する客観的な危険性よりも，行為者の有する主観的
な危険性が重視されているように思われる⁸⁾.

さらに，BGH において定着した判例によれば，容器の奪取における領
得の意図は，容器の中に想定された価値対象だけに及び，これとは逆に，
他の，あるいは実際にその中に入っていた物には及ばないとされてい
る⁹⁾.ここで容器（Behältnis）として挙げられるのは，たとえば，ハンド
バッグ¹⁰⁾，札入れ¹¹⁾，金庫¹²⁾，書類用トランク¹³⁾，ビニール袋¹⁴⁾，あるいは，
ジャケット¹⁵⁾ などである．行為者によって追求された価値対象が奪取され
た容器の中に存在しない場合は，領得客体についての既遂の奪取が欠ける
ので，未遂が存するにすぎないとされている．このような理解について
は，学説において概ね一致が見られていた¹⁶⁾.

しかしながら，今日，場合によっては，容器の中身に関する錯誤は重要

---

5)　BGH StV 1983, 460.
6)　BGH NStZ 1996, 599.
7)　Otto, Grundkurs Strafrecht, Die einzelnen Delikte, 6. Aufl., 2002, §46Rn.29.
8)　ドイツにおける強盗罪についての詳細な先行研究として，神元隆賢「強盗関連罪の身分犯的構成（1）成城法学 75 巻（2007 年）191 頁以下.
9)　NStZ 2004, 333;NStZ-RR2000, 343.
10)　BGH,（o.Fn.5.），460.
11)　BGH MDR/Dallinger 1968, 372.
12)　NStZ 2000, 531.
13)　BGH GA1989, 171.
14)　StV 1990, 408.
15)　BGH StV 1987, 245.
16)　Fischer, StGB, 56.Aufl., 2009, §242 Rn. 41.

でないと判断され，既遂所為による処罰が認められはじめている[17]．裁判例において，LG Düsseldorf は近年，上述した今日までの支配的見解に対して「後まで残る疑念がある」と批判したのである[18]．

　本章では，ドイツにおける領得の対象に関する錯誤の問題について，判例，条文の理解等を概観しつつ，近時の裁判例が説示したように，従来の判例実務は批判されるべきなのか，という点を考察し，妥当な解釈及び結論を試論する．

Ⅱ ドイツにおける窃盗罪・強盗罪

　ドイツ刑法 242 条 1 項は「違法に自ら領得し又は第三者に領得させる目的で，他人の動産を他の者から奪取した者は，5 年以下の自由刑又は罰金に処する．」と規定する．

　奪取とは，他人の占有を侵害し，新たな占有を設定することを意味する[19]．ドイツにおいて，領得意思（Zueignung）は，①所有権者を排除する意思（Enteignung）と，②自己又は第三者のものにする意思（Aneigunung）に区別されている．「所有権者を排除する意思」については未必の故意で足りるのに対し，「自己又は第三者のものにする意思」については意図（Absicht）が要求されている．したがって，行為者の主観的要素として，客体に対する結果発生の認識・意欲において未必の故意よりも高度な具体性を必要とする意図が要求されていることから，容器と中身を区別して考える必要が生じる[20]．窃盗犯人が容器を運搬手段として利用せず，すぐに捨てるつもりであった場合，容器に対する「自己のものにする意思」は否定される．また，行為者が現金を狙ったものの，実際には

---

17) Graul, JR 1999, 338.
18) LG Düsseldorf NStZ 2008, 155.
19) Rengier, Strafrecht BT22Ⅰ, Vermögensdelikte, 2020, S.12.
20) Rengier,（o.Fn.19）, Rn. 80.

容器の中身が行為者にとって無価値なものであった場合，窃盗未遂罪が成立するにとどまる[21]．

　そもそも，窃盗犯人は通常，奪った物について所有権者が排除されることを甘受している（in Kauf nehmen）のみであり，専ら所有権者の排除を追求しているわけではない．それゆえ，「所有権者を排除する意思」については未必の故意で足りるとしなければ，処罰の間隙が生じてしまうのである[22]．したがって，上述のように，領得意思の内部において，「所有権者を排除する意思」と「自己又は第三者のものにする意思」とでは，行為者に要求される意欲（意思）の程度が異なってくるのである．

　ここにいう所有者の排除とは，物の継続的（dauernd）な剥奪である[23]．これに加えて，「自己又は第三者のものにする意思」については，物体を自分勝手に処分することを重視すべきとする見解もある[24]．

　その上で，ドイツでは，領得の対象（Gegenstand der Zueignung）というテーマで，財物自体だけを領得の対象とする物質説（Substanztheorie）と[25]，物の価値を領得の対象と考える価値説（Sachwerttheorie）が存在し[26]，判例は，両方の立場を併用する立場（Vereinigungstheorie）を採用している[27]．判例の立場によれば，物自体は返却されている場合であっても，物の価値の剥奪を根拠に排除意思を肯定しうるということになる．

　RG は，領得を「物それ自体またはそれに体現される物の価値が行為者によって，その者の財産に組み込まれる（in sein Vermögen einverleiben）」ことだと定義していた[28]．

　これに対し，BGH は，領得意思を「所有者をその物の支配から排除し，

21）BGH NJW 1990, 2569.

22）Eser/Bosch in Schönke-Schröder, StGB Kommentar 30. Aufl., 2019, § 242, Rn. 47.

23）Meurer, JR, 1992, 347.

24）Bloy, Der Diebstahl als Aneignungsdelikt, JA, 1987, S.187, 190.

25）Welzel, Das Deutsche Strafrecht, 11 Aufl., 1969, S.341.

26）Frank, Rechtsspruchung der Reichsgerichts, ZStW Bd. 14, 1984, S.388.

27）Rengier,（o.Fn.19.），Rn. 39.

28）RG 61, 228.

自己固有の財産に物を同化させるという行為者の意思」と説示する[29]. また，「物またはそこに体現された物の価値を権限者の財産から継続的に剥奪し，物（またはその物の価値）を自己の財産にもたらす意思，換言すれば，その経済的価値を何らかの方法で自己のために利用する意思」であると述べている[30]. かかる文言に鑑みると，BGH は，領得意思に関する上述の RG の立場を踏襲したものと思われる. さらに BGH は，「領得とは，物についての支配の確立または物についての第一の処分であり，単にこうした支配的地位を利用することではない. 換言すれば，領得とは，権限者を排除することによって自己の占有を（可罰的違法性が存し，かつ有責に）基礎づけることである.」と説示している[31].

　このような判例実務を前提とし，領得の意思に関する判例について概観する. たとえば，行為者が5ユーロの現金を財布から奪おうとして被害者を殴った後，財布に 700 ユーロの現金を見つけて奪取した場合，当初の奪取意思から重大な変更はないので全額に対する強盗が成立するとされた事案がある[32]. これに対して，行為者の当初の計画の範囲にないといえるような事態の展開があった場合には，当初の目的物に対する強盗は未遂にとどまり，これとは別に，現に奪取した物に対しては窃盗罪が成立する[33]. たとえば，銃を奪おうとして被害者に対し暴行した後，銃を探す途中で現金を見つけて奪った場合，その現金に対しては窃盗罪が成立する. つまり，奪取するつもりであった対象物と全く別の物を奪取した場合には，暴行と財物奪取との間の目的関係を欠くとされたのである[34]. 前者の事案においては，財物の性質の同一性（＝「現金」）が存するために奪取の意思が肯定され，後者の事案においては，「銃」と「現金」という財物

29) BGHSt. 1, 262, 264.
30) BGHSt. 4, 237, 238; BGHSt. 24, 115, 119; BGH, wistra, 1988, 186.
31) BGH14, 38 ; BGHSt. 5, 205.
32) BGHSt, (o.Fn.4.) .
33) 奪取の対象を変更する場合には目的関係を欠くことも有り得る. Rengier, (o.Fn.19.) , §7, Raub, 167.
34) BGH NStZ-RR 2002, 304.

の性質上の差異が存するがゆえに，奪取の意思が否定されたのだと考えられる．

　これらの事案に加えて，近年，領得の対象に関する錯誤が問題になった判例が2つ存在する．1つ目は，被告人やその仲間の予想に反して，盗んできた金庫の中には金員はなく，単に行為者にとって価値のない，病院の文書やデータ媒体があるだけであったという事案である．同事案については，窃盗未遂の所為があると判示されている[35]．

　また，2つ目は，被告人AとBが，被害者Cを殴り倒し，Cの車のトランクから，彼らが16万ユーロ相当だと推定した現金が入った箱を出した．次いで，彼らはその箱を持って逃げようとしたものの，彼らはこの箱には現金ではなくいくつかのワイン瓶が入っていることに気づいて，失望し，その箱を投げ捨てたという事案である．BGHは「この事例において，強盗罪の未遂のみが認められる．というのも，その箱は，期待された中身（現金）を彼らの故意に関連づけていなかった上に，行為者らは実際の中身（ワイン瓶）に何の関心も有していなかったのであるからである．そして，その限りにおいて，奪取された物を違法に領得するという意図が欠けるからである．」と判示している[36]．

　以上，概観した通り，判例実務において，行為者によって追求された領得の対象が奪取された容器の中に存在しない場合，領得客体に対する未遂のみが認定されていることが看取される．奪取した容器の中身が，行為者が当初意図していた物と異なる場合に，奪取された物を違法に領得するという意図が欠けるとされているのである．また，奪取罪に必要とされる主観的要件である領得の意図において，「所有権者を排除する意思」については未必の故意で足りるのに対し，「自己又は第三者のものにする意思」については意図が要求されている点が特徴的であろう．未必の故意よりも高度な主観的意欲と解されている「意図」が要求されていることから，容

35）HRRS 2012 Nr. 450.
36）BGH NStZ 2006, 686, 687.

器とその中身が区別されて論じられている.

　これらの考察を踏まえ, 次項では, 領得の対象に関する錯誤の問題について, BGH の実務を批判し, 支配的見解とは異なる立場を採った LG Düsseldorf が下した判断を詳細に検討する.

Ⅲ　LG Düsseldorf の判断

　LG Düsseldorf, Urteil vom 2. Februar 2007 – 1 KLs 23/06 の事実の概要は以下の通りである. 被告人らは, 馬券売り場の警備を担当していた. 彼らは, ある者 (P) が, 事務所からボール箱 (Kartons) を運び出し, 自動車のトランクに積むのを見た. その時彼らは, ボール箱の中には現金があり, その額は一日の売り上げあるいはその他の貴重品だろうと予想した. しかし, 彼らはボール箱の中身について確信を持ってはいなかった. 彼らは, P の顔面に刺激性のガスを吹きつけて, その間にボール箱を運び出そうと決心した. そして, 彼らは, 約 150m 離れた地点にある車両にその箱を運び, 積み込み, 中身を確かめられる安全な場所まで移動するつもりであった. 彼らは, 共同で準備したこの行為計画を実行に移した. しかし, 彼らが車両に箱を運び入れて出発した際に, 他の車両が彼らの進路を妨害した. 結果として, 被告人両名は, ボール箱の中身を確かめることなく, その箱を車両に残して逃走した. 被告人両名によって盗られた箱の中身は, 単なるコピー用紙に過ぎなかった. 刑事部は被告人らに対し, 249 条, 250 条 2 項 2 号の, 共同の, 特に重い強盗罪を認定し, それぞれ数年の拘留を言い渡した[37].

　LG は判決理由において, 「被告人らは, それぞれ既遂所為を行ったものとして処罰される. このことと, 彼らが, 箱の中に現金あるいは馬券売り場にあるそれ以外の貴重品が入っていることを前提にしていた事実は反

---

37) LG Düsseldorf, (o.Fn.18.), 156.

するものではない．というのも，彼らは，どのような場合でも，中身の他に箱をも自己又は第三者のものに（aneignen）しようとしていたからである．それは，彼らが，中に保管された対象物にとって必要不可欠な輸送手段としてその箱を必要としており，その箱の中の対象物を安全な場所へと運ぼうとしていたことを理由とする．このことは，被告人らが箱に対しそのような価値さえも認めずに専ら所為を開始したことを考慮せずとも，箱についての領得意図を認定するのに十分である．むしろ，重要なのは，彼らが箱に関しても，少なくとも逃走後に安全だと推測した時点までは，両人はそれぞれ，所有者のように振る舞い，この対象物を自身の財産に組み入れようとしていたことである．

　しかし，所為既遂という問題に関して，中身にとって必要不可欠な輸送手段である箱について，たとえ少なくとも一時的に自己又は第三者のものにする意図を認めない場合であっても，被告人らに未遂所為のみの処罰が下されることはないだろう．というのも，被告人らの領得意図の有無は，箱の実際の中身をも考慮して判断されるからである．奪取すべき容器に関して，行為計画に従っていることについておおまかな表象しか有していない行為者が，自身の表象と実際の事実とが食い違っている場合にも，奪取する際に領得意図を持って行為しているか否かは，事実認定の領域に存する問題である．これについては，奪取行為に先行し，付随し，引き続く，あらゆる事情を考慮に入れて回答しなければならない．行為者が，その財物が本来の自身の表象に合致しないと気づいて，容器の中にある財物を奪取行為後に廃棄する場合，BGHの判例は，このことを規則的に，行為者が奪取行為の時点において実際に盗った財物に関する領得意図を有していなかったことの証拠徴表と認定してきた．その結果，行為者は未遂の財産犯として処罰され得る．

　当刑事部は，奪取行為の後に表された態度から奪取行為時の所為に関する主観面を推認するというBGHによって付け足されたこの推論が，実際に維持できるか否かについて判断しないままとする．いずれにせよ，かかる考慮からは，後まで残る疑念が生じうる．まさに，奪取行為と領得意図

の結合によって，窃盗や強盗が処罰に値するのである．その際には，行為者の表象に合致する結果として奪取のみが実際に存在すればよく，目論まれた領得は起こらなくてもよいのである．

　これに関して，当刑事部の見方によれば，次の事が容易に想定されよう．すなわち，領得を目論んで奪取した客体に関する行為者の誤った表象は，原則的に，重要でないものと評価すべきである．このことは，行為者が奪取しようとする財物について具体的な表象を抱いていないものの，行為者の考慮によれば，少なくとも「何らかの価値あるもの（etwas Wertvolles）」であることが問題となる場合に，なおのこと妥当するのである．

　このような事例において，当刑事部の見方によれば，基準となる奪取時点について領得意図が存在することには何の疑念も存し得ない．かかる意図が，後に，期待を裏切られたことにより放棄され，あるいは，最初から全く変化しなかったということは，主観的構成要件の存在に何ら影響を与えないのである．

　容器の奪取の際に，容器が開けられ，中身を認識した場合に初めて一定の客体を具体化したとされる，判例においてときおり言及されてきた「漠然とした，自己又は第三者のものにする意思（unbestimmten Aneignungswillens）」の形象は，法律に何の根拠も持っておらず，むしろ，かかる形象は，法律の文言から読み取れるところの，奪取時に領得意図が存在しなければならないという明白な帰結に反する．

　BGH の従来の判例が，体系的に不十分な結論に至るものであったということは，以下の論拠で裏付けられよう．被告人らは，刺激性ガスの噴射後に箱を奪取しなかったのではなく，目撃者 B による物理的な影響下で，箱をそのままにしたであろうことは，彼らが期待した物が厳密に箱の中に存在したか否かという問題となり得よう．しかし，このことは，特に重い強盗恐喝の構成要件の適用について重要ではない．というのも，このような事例においては，同様に，利得意図のみが考慮されるべきであり，追求された利得結果が実際に発生した結果と合致するか否かは考慮されるべき

でないからである．そして，このことは，領得意図の存在に関して容器の中身に関する錯誤の重要性を認めることとなり，財産犯の適用の際の不均衡に至ってしまう．というのも，窃盗と強盗恐喝について法律上指示されている所為不法の等価値性に反することになるからである．」と説示した．

　このLGの判決に対する評価は分かれている[38]．同判決に対し，Sinnは，「奪取された容器の事案において，領得意図が認定されるか否かという問題に関して，行為計画が考慮されるべきである．行為者が，自身の所為目標達成のために容器を輸送手段として利用することが必要かつ不可避であると考えていたならば，彼らは，「自己又は第三者のものにする意図」を持って行為しており，それゆえ，故意既遂犯により処罰されるべきである．いつか，『雨垂れ石を穿つ』ように，上級の判例が変更されることを願って，事実審裁判官は忍耐力を持ち続けて欲しい．しかしながら，これに対して，LGが用いた，容器の中身に関する行為者の誤った表象が重要ではないとの論拠には説得力がない．たしかに，自己又は第三者のものにすること（Aneignung）については，意図まで要求されるのではなく，条件付きでもよいとされている．しかし，自己又は第三者のものにすることが重要ではないとされることから，奪取時の自己又は第三者のものにする意図を推論することは不可能である．自己又は第三者のものにする意図を認定するためには，むしろ，行為計画が考慮されなければならない．行為計画が『何らかの価値のあるもの』という具体化をしていた場合，たしかに，裁判官は，具体的な所為状況において「価値あるもの」とは何を意味するのかについて確定する義務を負うことになる．いずれにせよ，「価値ある」という文言と「利用できる」という文言は等値されるべきではないのである．」と述べる[39]．

　LGの判決文及びSinnの指摘に鑑みれば，被告人らが「箱をその中に保管された対象物にとって「必要不可欠な輸送手段」として必要としてい

38) Arndt Sinn, Zueignungsabsicht trotz Fehlvorstellungen über weggenommene Sache - Vollendung des Raubes, ZJS 2/2010, S.274.
39) Arndt Sinn,（o.Fn.38.），S.275.

たことから，箱に対する領得意図が認定されていることが看取される．つまり，LG が用いたのは，箱が必要不可欠な輸送手段であること（＝輸送手段の論拠）である．その上で，輸送手段の論拠が否定されたとしても，領得を目論んで奪取した客体に関する行為者の誤った表象は，原則的に，重要でないものと評価すべき（＝奪取客体に関する錯誤は重要ではないという論拠）であるとされ，畢竟，既遂罪に至るのである．Sinn は，LG の結論には賛同しつつも，輸送手段の論拠に対しては，行為計画に鑑みて，「容器を輸送手段として利用することが必要かつ不可避である」と行為者が考えていたことを要求する．そして，奪取客体に関する錯誤は重要ではないという論拠に対しては，これを否定する．LG のいう「何らかの価値あるもの」を行為者が具体化することが必要であり，かつ，それが裁判において立証され，また，容器を「利用できる」と思うことと「価値がある」と思うことは別であるとするのである．

　確かに，Sinn の指摘の通り，「必要不可欠な輸送手段」として容器に対する領得意図を認定するならば，その際には，行為者の行為計画を考慮する必要があると思われる．というのも，実行行為の客体がどのように・どの程度具体化されるかは，行為計画によって左右されるからである[40]．また，行為計画を考慮せずに，「必要不可欠な」ものと認定することには困難が伴うことにもなろう．そして，Sinn も否定する通り，奪取客体に関する錯誤は重要ではないという論拠については，かかる錯誤が「重要ではない」ことの理由が不十分であると思われる．この点，奪取客体に関する錯誤は重要ではないという論拠を錯誤論でもって根拠づけようと試論するのが Böse である．次項では，Böse による根拠づけと，彼が用いる設例を検討することとしたい．

40）拙稿「因果関係の錯誤について—行為計画に鑑みた規範直面時期の検討—」嘉悦大学研究論集　第58巻2号（2016年）30頁．および本書第3章を参照．

Ⅳ　Böse の問題提起と設例

　上述の通り，LG がもたらした結論を正当だとした場合に，いかにして
それを根拠づけるかについて，Böse は錯誤論一般からのアプローチを試
みる．窃盗・強盗罪に特有の問題とはみなさずに，事実の錯誤論において
用いられる分類・論拠でもって，LG の結論を基礎づけようとする手法は，
原理原則に立ち戻る解釈学の在るべき姿と思われる．以下，Böse の見解
を概観し，Böse が BGH を批判するために挙げた設例を紹介する．

　Böse はいう．まず，一般的な原則に従えば，容器の中身に関する錯誤
の事例において，故意による奪取は存在する．容器（「箱」）に関して，こ
のことは問題とならない．なぜなら，行為者は箱を奪おうとして箱を盗っ
た限りでは何の錯誤にも陥っていないからである．そして，一般的な原則
に従えば，表象された中身（「現金」）と実際の中身（ワイン瓶）との間の
齟齬も，故意を阻却しない．なぜなら，両方とも他人の動産が問題とな
り，それとともに，強盗罪の構成要件にとって有効な所為客体が問題とな
るからである[41]．

　したがって，行為者の錯誤において，表象された客体と実際の客体が構
成要件的に等価値である場合の，故意をそのままにする「客体の錯誤」が
問題となることになる[42]．Schmitz は，この原則は，窃盗罪の構成要件に
も妥当し，行為者の（誤った）表象に基づいても，他人の動産が問題とな
る場合に限り，所為客体に関する錯誤は重要ではなくなるという[43]．

　行為者の錯誤が「客体の錯誤」ではなく，「方法の錯誤」と格付けられ
る場合，支配的な見解によれば，故意は阻却される[44]．そのような分類は，

41）Böse, (o.Fn.1.), S.1030.

42）Streng, Jus 2007, 422.

43）Schmitz, in:Joecks/Miebach（Hrsg.）, Münchener Kommentar zum StGB, Bd. 4, 2003, §242 Rn. 105.

44）NStZ 1998, 294, 295;Baumann/Weber/Mitsch/Eisele, Strafrecht AT12, 2016, §21 Rn.13.

次の事を要件とする．すなわち，「古典的な」事例のように，（狙われた）被害者についての感覚的知覚（sinnliche Wahrnehmung）によらず，被害者あるいは所為客体の同一性に関する行為者の精神的表象（geistige Vorstellung）によって，所為実行の客体を直接的には知覚していない限りで，被害者あるいは所為客体の個別化が達成されていること[45]，である．

　Böse は「しかしながら，個別化のためのかかる基準の交換は，恣意的であると思われ，とりわけ，被害者の同一性に関する単なる錯誤が客体の錯誤の事例において故意をそのままにしつつも，方法の錯誤の事例においては突然変わって行為者の故意を阻却することについて何の根拠も有さないのである．このような状況において投げかけられている限界づけの問題を，方法の錯誤の理論を追いやる契機として利用したいとは思わない．少なくとも，直接的知覚が欠如している場合に，個別化のための他の基準を持ち出すことを避けようとはしない．被害者あるいは所為客体がこのような事例においては，計画された因果経過あるいは所為の『プログラム化』によって具体化される（たとえば，毒酒事例）[46]．これにしたがって BGH は，自動車爆殺事例において客体の錯誤を認めているのである．」という[47]．

　かかる基準を上述の事例に適用してみれば，同様に客体の錯誤が存在する．というのも，所為客体は，行為者によって得られた箱の中に存在するものとして，行為者によって具体化されているからである[48]．

　したがって，結論として，箱の中身に関する錯誤は「客体の錯誤」として窃盗の客観的構成要件との関連で，故意を阻却しないということが確認されよう[49]．

---

45) Herzberg, JA 1981, 470.
46) 毒酒事例については本書2章および，拙稿「離隔犯における客体の錯誤と方法の錯誤の区別—最後に特定された客体との齟齬—」比較法雑誌第50巻1号（2016年）247頁．プログラム化については，Freund, Das Spezifikum der vollendeten Vorsatztat, 2010, S.229.
47) Böse, (o.Fn.1.), S.1029.
48) Streng, (o.Fn.42.), S.423.
49) Böse, (o.Fn.1.), S.1029.

　奪取の故意と領得の意図は，行為者が構成要件的行為を実行する際に有していた表象に従って判断される[50]．所為実行の過程で，所為客体あるいは行為者の表象に変更が生じた場合，客観的構成要件と主観的構成要件が一致するかどうかを判断するためには，実行行為の最後の時点をみることによって決せられるのである[51]．ここでいう実行行為の最後の時点とは，中身を確認する前の，奪取の時点である．このように Böse は，LG の見解を錯誤論から根拠づけるとともに，従来の BGH の見解に対して，以下の設例を挙げることによって，疑問を投げかけたのである．

　【Böse のタバコ事例】：A は B を夕食に招待し自宅に呼んだ．A に対して B は，自分が愛煙家であることを告白した際，A は，B にタバコをあげるため，休暇であった隣人 N の居室から特産タバコの箱を持ち出した．B がその箱からタバコ 1 本を選び出したあと，当初からの計画通り，A はその箱を元の場所に戻した[52]．

検討

　まず，Böse の設例を考察する．支配的見解によれば，B によって取り出されたタバコに関する領得の意図はおそらく否定されるだろう．というのも，奪取の時点では，かかる意図はいまだ十分に具体化されていなかったからである[53]．

　しかしながら，これに対しては，A は，B に所有権者（隣人 N）のように自由に選択できる可能性を与えるため，タバコ全てを一時的に自分の財産としたのであるから，A は，箱の中にあったタバコ全てに関して一時

50）Cramer/Sternberg-Lieben in Schönke/Schröder, StGB 30. Aufl., 2019, § 15 Rdn. 48.
51）NStZ 1996, 38.
52）Böse,（o.Fn.1.），S.1025.
53）LG Düsseldorf NStZ 2008, 156.

的な使用意図をもって行為していたのであると反論できる[54].

　また，LG の輸送手段の論拠によれば，B が選んだタバコが入っていた箱は，「必要不可欠の輸送手段」といえる．なぜなら，A は B にタバコを選んでもらうために，その箱に入っている全てのタバコを A の元へ運ばねばならず，代替となる容器を用意していなかったからである．たとえ，他の容器に当該タバコを移し替えて A の元へ運ぶことが可能であったとしても，その際は，奪取客体に関する錯誤は重要ではないという LG の第二の論拠によって，当該奪取行為時に A が中身を具体化していなくとも，既遂になることになる．

　これらの反論は，従来の BGH に対する批判となり得る．しかしながら，容器の中にある物に対して一時的に自分の財産としたことが重要視されるならば，あるいは，奪取客体に関する錯誤は重要ではないとされるならば，そもそも具体化説のいう，「実行行為の客体の具体化とは何なのか」という疑問が改めて生じ得るのである．

　ドイツでは具体化説が通説であることは先述した通りである．同説は，実行行為の客体について行為者に具体的な表象が存することを必要とする見解である．ここで問題となるような，「容器」を奪取する事案について，果たしてその「中身」までの具体化が必要なのだろうか．

　この点，Böse が「容器」を自動車爆殺事例のような離隔犯とパラレルに考えて[55]，客体の錯誤の事案と見なす解決策には説得力がある．客体の錯誤については具体化説も故意を認めるからである．人違いという問題は，重要でない動機の錯誤（unbeachtlicher Motivirrtum）としてまさに法的評価にとって「重要なものではなくなる」からである[56].

　同様に，「容器」の中身が行為者によって追求された対象物と異なった物であることも，重要でない動機の錯誤と言い得るだろう．しかしなが

54）RGSt73, 253. ただし，これは，財物全体のうち選ばれなかった部分についての横領が問題となった事案である．

55）自動車爆殺事例については，拙稿・前掲注（46）・244頁．および本書第2章．

56）Erb, Zur Unterscheidung der aberratio ictus vom error in persona, 2013, Frisch-FS, S.396.

ら，典型的な客体の錯誤の場合，行為者は実行行為を向ける客体の具体化に成功しており，人物の個別性に関する具体化が重要なものではなくなったわけではないことに留意すべきである．すなわち，たとえば，殺人罪の実行行為には，銃を向ける先を決めるための「その人」を具体化する必要があり，そもそもそれが「誰であるか」は客体の具体化とは関係のないことである．「誰であるか」は，殺人罪の実行行為を向けるにあたり必要な客体の具体化ではない．

　このように解するならば，容器の中身を盗む場合には，実際の実行行為，すなわち「奪取」の客体たり得るものを最低限度具体化すればよいのである．LG のいう「奪取行為と領得意図の結合によって，窃盗や強盗が処罰に値する」また「基準となる奪取時点」は，まさにこのことを示していると思われる．したがって，窃盗罪・強盗罪等の奪取罪の構成要件の実行行為である奪取行為が向けられるのは「容器」であるから，そもそも「容器」のみを最低限度具体化していればよいと思われる．

　ただし，これは，行為者の実行行為（＝奪取）が，直接「容器」に触れる（＝知覚する）ことを前提とする[57]．したがって，「容器」を更なる「容器」に入れてある場合，たとえば，マトリョーシカのような物の一番内側に現金が入っている場合も，同様である．奪取行為の客体たり得るものとしては，大きいマトリョーシカで十分である．さらに，このマトリョーシカが金庫に入っている場合も，行為者が金庫を運び出せるならば，その金庫は奪取行為の客体たり得るものである．したがって，かかる金庫を奪取し，実際に金庫の中のマトリョーシカの中身が紙切れ1枚だったとしても，そもそも，行為者による奪取行為の客体たり得る最低限度の具体化は認められていることから，奪取罪の既遂となろう．

　かかる理解は，もたらす結論においては同一であるものの，上述のBöse の主張とは立場を異にする．Böse は，容器の中身に関する錯誤の事

---

57) Böse は，これを間接的な知覚と考えている．というのも，Böse は実行行為の客体として中身を想定しているので，外側の容器を知覚しただけでは直接的知覚にはならないからである．

案を「離隔犯」と捉え，その定義を「感覚的知覚によらず客体を個別化するもの」としているからである[58]．離隔犯の定義自体については，異論はないものの，本論文の第2章で論じた通り，容器の中身に関する錯誤の事案を「離隔犯」といえるかは甚だ疑問である．というのも，上述の通り，窃盗罪・強盗罪の構成要件に規定される奪取行為の客体となり得るのは，「容器」であり，この容器自体を行為者は直接に感覚的知覚によって個別化することができるからである．したがって，このような事案は，離隔犯という例外として位置づけて論じるのではなく，通常故意犯において用いられる具体化説をもって解決され得るものと解すべきである．つまり，離隔犯の議論を持ち出すまでもなく，本章が問題とする事案は，感覚的知覚によって特定された客体に結果が生じたものの，その客体が精神的表象において意図していた客体ではなかったという，単なる客体の錯誤であると解されるべきである．

　他方で，そもそも，この事案は錯誤の事案ではないとする解釈も考えられ得る．たとえば，ひったくりの犯人がバッグを奪取する際に，彼はバッグの中身全てを具体化しているわけではない．そして，実際に裁判になれば，バッグの中身全てについて窃盗罪が成立することになる．このことは，米俵を盗む者が米粒一つ一つを具体化しないのと同様である．したがって，構成要件に規定された実行行為の客体たり得る最低限度の具体化がなされることによって，故意は充足されると考えられる．このように解すれば，奪取罪において，「容器」は，実行行為の客体たり得る最低限度の具体化であるから，これを具体化すれば，故意は充足される．

　したがって，中身が何であるかということは故意の有無に影響を与えないものとなり，この限りでは，行為者に錯誤が生じていないとも言い得る．ただし，ここで留意すべきは前述したSinnの指摘である．たとえば，容器の中身を確認してから奪取するかを判断するという条件付きの意

58）実行行為時に感覚的知覚による客体の特定が存せず，実行行為時よりも前に客体の特定をなすような場合が，離隔犯である．詳しくは，本書第2章参照．

図を持っている場合や，行為者にとって容器は全く重要ではなく，中身を行為者が持参した別の容器に移し替えるような場合など，行為計画の如何によっては，容器を具体化することが，実行行為の客体たり得る最低限度の具体化と見なされない場合があるからである．

　以上，LG の見解，Böse による LG の根拠づけ，Böse の設例に関して検討を加えてきたが，次項では，ここで得た考察が，日本にいかなる影響を与え得るのかを検討する．

Ⅵ　日本への示唆

　我が国において，不法領得の意思は明文で規定されておらず，その内実に関して学説の対立がある[59]．かかる意思を要求しない第三の見解も見受けられる[60]．判例は，大判大正 4 年 5 月 21 日（刑録 21 輯 663 頁）において，不法領得の意思を肯定している．この事案は，尋常高等小学校の教員たる被告人が，その校長の過失責任を装うため，教育勅語謄本等を自己の受け持ち教室の天井裏に隠匿したというものである．ここで大審院は，不法領得の意思が窃盗罪に要求されることを明示したうえで，これを「権利者を排除して他人の物を自己の所有物として其経済的用方に従い之を利用若くは処分する意思」と定義し[61]，「毀棄又は隠匿する意思」による奪取は窃盗罪を構成しないとして，被告人に窃盗罪は成立しないとした．

59）斎藤信治「不法領得の意思（一）～（三）」法学新報 79 巻 8 号（1972 年）35 頁，79 巻 11 号（1972 年）37 頁，86 巻 4・5・6 号（1979 年）303 頁，林美月子「窃盗罪における不法領得の意思についての一考察（一）～（四・完）」警察研究 53 巻 2 号（1982 年）43 頁，53 巻 4 号（1982 年）67 頁，53 巻 6 号（1982 年）43 頁，53 巻 7 号（1983 年）24 頁．

60）曽根威彦『刑法の重要問題［各論］［第2版］』（成文堂，2006 年）135 頁以下は，「所有権侵害・危険の側面が窃盗の客観面に影響をもち得ないとするのは不可解である」こと，占有取得とは異なった「客体の利用可能性，利益移転の事実」を考慮すべきであることを挙げて，このような客観面に対する認識（故意）を要求すれば，あえて不法領得の意思を要求する必要はないという．

61）最判昭和 26 年 7 月 13 日（刑集 5 巻 8 号 1437 頁）も同様．

このように、「権利者を排除して」の部分がドイツの「権利者を排除する意思」と、「他人の物を自己の所有物として其経済的用方に従い之を利用若くは処分する意思」という部分は「自己又は第三者のものにする意思」と対応しているように考えられ、領得の意思の内容は両国でおおむね一致していると思われる。これを前提に、我が国で、領得の対象物に関する錯誤の事案として、大阪高判昭和28年11月18日（高刑6巻11号1603頁、判時25号25頁）が挙げられる。これは、行為者が別居の親族の所有物であると誤信して実際には親族でない者の所有物を窃取した事案である。裁判所は、「罪となるべき事実に関する具体的の錯誤が存するけれども、他人の物を他人の物と信じたことは相違がなく、その認識とその発生せしめた事実との間には法定的事実の範囲内において符合が存するから、右の錯誤を以て窃盗の故意を阻却するものということができず」と判示している。同裁判例においては、法定的符合説が用いられていると思われるが[62]、その認識を基礎づけている「他人の物を他人の物と信じた」という文言は、前述（Ⅳ）のSchmitzの理解と一致している。ここでも、領得対象に関する認識の理解について、ドイツと類似するものが存するといえよう。

　このように我が国では、第1章で見た通り、法定的符合説が通説・判例とされており[63]、「財物」という構成要件に規定された要素内における行為者の認識と事実の不一致は、重要とはされない。この限りでは、確かに窃盗罪の対象に関する錯誤は、日本では問題とはならないと思われる。

　しかしながら、たとえば、第1章で前述した大阪高判平成14・9・14においては、傍論ながら人に対する故意の具体化が必要だとされ、東京高判平成14・12・25では、法定的符合説に依拠しつつも、意図していなかった客体について故意を認めるならば、量刑上、刑を重くする方向でその故意を考慮してはならないとされており、近年の裁判実務において、少

---

62) 詳しい検討は、拙稿「各構成要件における行為事情の錯誤―特別法およびドイツにおける租税逋脱罪の判例を手がかりに―」嘉悦大学研究論集第58巻1号（2015年）73頁以下．

63) 団藤重光『刑法綱要総論（第三版）』（創文社、1990年）298頁以下．

なくとも下級審では結論（量刑）として具体的符合説に立ったとも評価し得るものが見受けられるのである[64]．したがって，具体的符合説が通説であるドイツの議論を予め検討しておくことは，我が国の実務・解釈学に資すると考えられる．

　また，たとえ具体的符合説を採ったとしても，窃盗罪の対象に関する錯誤についての結論は変わらない可能性もある．それは，前述の通り，奪取行為の客体たり得る具体化には，知覚できる最低限度の「物」の認識で十分だからである．

　このように解すれば，法定的符合説も，本章の理解の下での具体的符合説も，結局のところ，当該構成要件に規定されている客体に関する文言（たとえば，「他人の物」）を基礎に，客体をどの程度具体化する必要があるか，という問題に帰着することになる．本章の検討対象とする窃盗罪・強盗罪の客体は「他人の物（動産）」であるので，法定的符合説・（本章の理解の元での）具体的符合説による結論は同一のものになり得る．したがって，財産罪という構成要件の特殊性あるいはその文言の特徴が，錯誤の解決にとって重要な要素となっていると考えることも可能だろう．次項では，構成要件・保護法益ごとに行為者に要求される客体の具体化の程度が変わるべきであるとする Hillenkamp の見解を検討する．

Ⅶ　実質的等価値説との関連性

　Hillenkamp は「実質的等価値説（materielle Gleichwertigkeitstheorie）」を主張する．同説によれば，侵害客体の個別性が構成要件実現と行為不法にとって無意味である場合には，方法の錯誤は故意の帰属にとって無意味なものとなる．このような無意味性は，完全にあるいは主として財産法上

64）拙稿「同一構成要件間における方法の錯誤の取り扱い―修正された行為計画説の立場から―」中央大学大学院研究年報法学研究科篇第43号（2014年）229頁以下および本書第1章を参照．

の法益を保護するすべての構成要件について生ずるが，これに対して，構成要件が完全にあるいは主として高度に一身的な法益の保護に奉仕する場合には，方法の錯誤は等価値性を排除し，それゆえ，故意の帰属も排除される[65]．同説は，客体の個別性が構成要件的・行為不法的に「無意味」かどうかという判断によって，具体化説と等価値説を使い分ける解決を提示している（前述：第1章）．すなわち，方法の錯誤は，高度に一身専属的な法益の場合でのみ重要であって，所有物や財産のように譲渡できるようなものの場合には重要ではない．高度に一身専属的な法益の場合でのみ，不法の実現が，侵害されたものの個別性に左右されるのであるとするのである[66]．

　同説によれば，容器の中身に関する錯誤は，そもそも財産罪における「財物」が問題となるので，仮に方法の錯誤の事案であったとしても，客体の個別性は重要ではなくなる．したがって，実際に発生した結果が「他人の動産」という財産罪の法定構成要件の範囲内に収まる以上，行為者には故意が認められ，既遂犯となる．このように，実質的等価値説は，中身に関する錯誤の問題に対しては，LGやBöseと同様の結論をもたらすことができ，また，財産罪という構成要件の特殊性あるいはその文言の特徴が，錯誤の解決にとって重要な要素となっているという前述の一試論にも合致し得る．

　ただし，なぜ，不法の実現が法益の専属性に左右されるのか，また，そもそも同説は他の事案について，妥当な結論を与えるものなのか等，解明すべき点は山積している．それゆえ，本章では同説の正当性については深く立ち入らず，容器の中身に関する錯誤の問題に関して，LGやBöseと同様の結論をもたらすことができるという点のみを指摘するに留めたい．

---

65) Hillenkamp, Die Bedeutung von Vorsatzkonkretisierungen bei abweichenden Tatverlauf, 1971, S.108, 116ff.
66) Kindhäuser, (o.Fn.2.)，§16 Rn35.

Ⅷ　おわりに

　窃盗や強盗において行為者によって追求された財物が，実際に奪取した容器の中に存在しなかった場合，ドイツの通説によれば，強盗罪あるいは窃盗罪の未遂が認定される．つまり，奪取あるいは領得の対象に関する錯誤は，強盗罪あるいは窃盗罪の主観的構成要件を阻却するとされている．しかしながら，容器の中身に関する錯誤は重要でないと判断され，既遂所為による処罰が認められるとした，LG Düsseldorf の判決が登場した．同裁判所は BGH 及び支配的見解に対して「後まで残る疑念がある」と批判し，容器の中身に関する錯誤は故意を阻却しないと判断した．

　このような，容器の中身に関する錯誤の問題に対し，本章は，従来の BGH 及び学説を検討し，LG Düsseldorf の判決に考察を加えた．その上で，かかる判決の基礎付けを試みる Böse の見解を概観し，検討した．Böse は「容器」を自動車爆殺事例のような古典的な離隔犯事例とパラレルに考えて，容器の中身に関する錯誤を客体の錯誤の事案と同視する解決策を呈示した．この解釈に対し，本章は，ドイツの通説である具体化説の例外である離隔犯と捉えるのではなく，具体化説そのものの意義から考察を始め，容器の中身を盗む場合には，実際の実行行為，すなわち「奪取」の客体たり得るものを最低限度具体化すればよいのであると結論づけた．したがって，奪取行為が向けられるのは「容器」であるから，そもそも行為者は「容器」のみを最低限度具体化すればよいと解し，また，財産罪の特性に着目した Hillenkamp の見解も検討し，そこから日本への示唆を得た．そして，本章は，本件で問題となる客体の具体化とは，窃盗罪・強盗罪の構成要件に規定される奪取行為の客体となり得る最低限度のもので足りると結論づけた．強盗罪・窃盗罪以外の財産罪の客体，及びその他の法益に関する客体の具体化の程度に関しては，別稿に期したい．

終　章

本書の結論

本書は，裁判所は法定的符合説を用いて故意を認めておきながら，なぜ量刑ではその故意を，刑を重くする方向で考慮しないのか，そもそも，具体的符合説では妥当な解決が図れないのかという疑問を指摘した．また，錯誤論として主張される各学説は，故意論の統一的な理解のもとで立論されるのか否かという問題を指摘した．そして，法定的符合説と具体的符合説の是非，およびそれらを修正する見解などの検討を基礎とし，これらの錯誤論を故意論として犯罪論に妥当するよう理論化することが本書の目的である．

　第1章では，近年の2つの裁判例を契機として，方法の錯誤について基本的議論に立ち戻る必要性を説いた．まず大阪高判平成14・9・14では，人に対する故意の具体化が必要だとされ，東京高判平成14・12・25では，法定的符合説に依拠し，意図していなかった客体について故意を認めるならば，量刑上，刑を重くする方向でその故意を考慮してはならないとされ，少なくとも下級審では結論として具体的符合説に立ったとも評価できる裁判例が存在することを確認した．

　ここで，法定的符合説を用いておきながら，なぜ量刑ではその故意を，刑を重くする方向で考慮しないのか，考慮しないならば，具体的符合説では妥当な解決が図れないのかという疑問が生じることを指摘した．最高裁は，存在しないはずの故意を認定し，罪数論で責任の量を減少させるという例外的な解決を行っている．しかし，責任主義の原則に照らせば，故意責任については，罪数論ではなく故意論の範疇において解決されるべきなのである．故意責任は，結果責任ではなく，故意の内容に応じた責任なのであるから，本来存在しない故意を認め罪数論で責任を減少させるのではなく，故意論の枠内で故意を適切に確定すべきである．

　そこで第1章では，ドイツにおける学説や判例を参考にし，考察を加え，妥当な解決へのアプローチを試みた．Roxin の行為計画説に立ちつつ，Hillenkamp がいう非一身専属的な法益の個別化は無意味であることに鑑み，同様に，法益主体が同一であれば包括一罪とする考え方からも着想を得ることとし，行為計画に鑑みながらも，同一所有者の物に対する方

　法の錯誤の場合に，等価値判断を入れるべきだと考える．それが「修正された行為計画説」として我が国の実務に妥当な結論をもたらしうると考えられる．

　たとえば，行為者が，Aが演説する予定の（演説予定の）壇上に爆弾を仕掛けたが，実際にはAではなくBが演説に来て，Bが爆死したという事例を想定した場合，修正された行為計画説によれば，行為者の計画が【演説者を爆殺すること】を目的とする場合（＝集会を台無しにする目的），爆死したのがAであろうがBであろうが，要求されるのは「演説者」という程度の具体化であるため，行為計画の実現はあり，行為者の故意を阻却せず殺人既遂罪とする．

　これに対して，行為者が選挙において自分の陣営を有利にするために，【対立候補者を爆殺すること】を目的にしていた際に，対立候補者Aではなく，自分の陣営の候補者Bが壇上に上がって爆死したときは，要求されるのはAという具体化の程度であるため，行為計画は失敗しているので，故意を阻却することになる．

　このように，行為者が集会を台無しにする目的で殺人を手段化しており，客体が誰であるかの個別化が行為者にとって重要ではない場合にはその他の客体に対する故意を帰属させる一方で，「この人」を殺さなくてはならないという具体的な個別化をしている場合には，その他の客体に対する故意は帰属され得ない．このように修正された行為計画説は，要求される具体化の程度を行為計画から定めることで，まさに法定的符合説の欠点と具体的符合説の欠点を補完しうる結論を導くことができるのである．

　また，具体的符合説に対する批判である「故意を認める範囲が狭くなりすぎて，器物損壊などの場合で，実務に適合しないということ」については，この修正された行為計画説で解決されたといえる．以上のように修正された行為計画説は，方法の錯誤で問題となる様々な事例の妥当な解決を可能とし得る．そして，故意の内容を犯罪事実の認識・認容と考えるならば，修正された行為計画説は，行為者の行為計画を考慮することにより故意論との整合性が保たれると考えられる．

第2章では，具体的符合説に対する批判である，「客体の錯誤と方法の錯誤の区別の困難性」に関する検討を行った．Hoyer および Wolter は，精神的表象と感覚的知覚という概念で両者の区別を図ろうと試みており，そこから客体の錯誤と方法の錯誤の区別については，①いつの時点に錯誤が存在し，②その錯誤はいかなる内容のものか，という2つ観点を示した．その上で，全てに「誤り」が存する場合を方法の錯誤，一部に「誤り」が含まれる場合を客体の錯誤とした Hoyer の見解を検討した．

　方法の錯誤においては，精神的表象により特定された客体と実際の結果との間に錯誤（＝誤り）があり，また，感覚的知覚によって特定された客体と実際の結果との間（＝因果経過）にも錯誤（＝誤り）が存するから，全てに「誤り」があるといえる．客体の錯誤においては，精神的表象により特定された客体と実際の結果との間に錯誤（＝誤り）があるものの，感覚的知覚によって特定された客体と実際の結果との間（＝因果経過）に錯誤（＝誤り）は存せず，したがって，一部に「誤り」が含まれる場合といえる．しかしながら，そもそも，「客体の錯誤」と「方法の錯誤」の事案は，どちらも，行為者の精神的表象において特定した客体には結果が生じていないことから，その限りでは，精神的表象と結果との間の錯誤は両事案に共通していると解した．その上で，かかる錯誤のみが存する場合を客体の錯誤とし，かかる錯誤に加えて因果経過の逸脱が存する場合を方法の錯誤と考えた．

　そして，離隔犯のように，実行の着手時に感覚的知覚による客体の特定が存せず，未遂犯成立時よりも前に客体の特定をなすような場合，感覚的知覚によって特定された客体ではなく，危険源を設定した際に行為者によって最後に特定された客体と解すべきであると考える．すなわち，行為者の精神的表象により特定された客体に結果が生じていないことを前提として，その上で，客体の錯誤を，「危険の向く先を定める際の，最後に特定された客体」と「実際に結果が生じた客体」が同一である場合と定義し，同一でない場合を方法の錯誤と定義した．

　かかる定義に基づき，両者の区別が困難とされてきた古典的四事例を検

討した．「電話侮辱事例」は客体の錯誤，「自動車爆殺事例」は方法の錯
誤，「毒酒発送事例」は方法の錯誤，「ローゼ・ロザール事例」は，教唆者
が被教唆者に客体を特定するにあたって具体的に指示を出していた場合は
方法の錯誤となり，抽象的指示を出していた場合は，客体の錯誤になると
いう結論を得た．その際には，危険源と客体の間の因果的距離に着目し，
方法の錯誤を，行為者によって最後に特定された客体へと向かう危険源と
それとは別の客体との因果的距離が縮まり，点として重なった状態である
と解した．このことによって，抽象化された故意に頼ることなく，明確に
両者の区別が可能となることを示したのである．このようにして，本章で
は，行為者において視覚的な客体の認識を欠くような離隔犯という事例群
においても，客体の錯誤と方法の錯誤を明確に区別され得ることを示した．

　具体的符合説への批判に対する反論として客体の錯誤と方法の錯誤の区
別を検討した第2章に続いて，本書の見解である修正された行為計画説
に基づき，第3章では，因果関係の錯誤について考察を行った．Weber
の概括的故意の事案，および，早すぎた構成要件の実現の事案のような，
因果関係の錯誤に関する事例の具体的解決を試みるものである．

　故意犯において，行為者は客体を認識し当該犯罪の実行行為の対象とし
て具体化する時に，当該犯罪の規範に直面している．その上で行為者は，
反対動機の形成が可能であったにもかかわらず，あえて規範を乗り越え，
実行行為に出るのである．行為者が規範を乗り越え，故意責任が問われる
時期というのは，その犯罪を行うために行為者が客体などの具体化をなし
た時であり，かかる時期は，行為者の有する行為計画によって判断される
べきである．

　そこで第3章では，ドイツの判例・学説を考察し，因果関係の錯誤の
事案が行為者の行為計画に鑑みて故意の検討がなされていることを明らか
にする．その上で，行為計画によって，行為者が規範に直面する時期が決
定されるならば，Weber の概括的故意の事案や，早すぎた構成要件の実
現事案のような，因果関係の錯誤の事案もかかる検討方法によって解決す
ることが可能となる．そして本章では，上記2つの事案について修正さ

れた行為計画説に基づき，行為者の行為計画に鑑みて行為者が規範に直面する時点で該当する罪の故意を認めることで，妥当な解決を呈示した．

Weber の概括的故意の事案において行為者は，第一行為の時点で被害者を殺害する故意を有し，その実行行為を被害者に向けていることから，この時点において行為者は規範に直面し，それを乗り越えて実行行為に出たことになる．従って，殺人罪の実行行為は終了したと考えるべきである．例えば，行為者がどんなに危険な行為をしたとしても，殺人罪の実行行為が終了したのち，救命士により奇跡的に被害者が命を取り留めた場合は殺人未遂罪となる．同様に病院にて被害者が死亡した場合は殺人既遂罪となる．したがって，既遂罪になるか，未遂罪になるかは，「実行行為が終了したか否か」とは関係なく，被害者の生死に関わる問題であるといえよう．そう考えれば，第一行為の時点で規範に直面し，殺害の実行行為を行った行為者は，その時点で実行行為は終了しており，行為者に成立する犯罪は，被害者の生死によって決せられる．第二行為により被害者が死亡したとしても，単なる介在事情としての問題が残るだけであって，この問題は因果関係論によって解決されるべきものである．

早すぎた構成要件の実現では，いわゆるクロロホルム事件において，被害者にクロロホルムをかがせる行為を第一行為とし，2km 先で被害者を溺死させて殺害する行為を第二行為とする．行為者の行為計画によれば，第一行為の時点において被害者を殺すつもりはないため，その際行為者が直面した規範は，「被害者を殺してはならない」ではなく，「クロロホルムをかがせてはならない」すなわち，「（クロロホルムにより，意識を失わせて生理的機能に対する障害を惹起する点において）傷害罪の規範」とも評価し得る．この場合には行為者が乗り越えた規範は傷害罪であり，この限度で行為者に故意が存するのであって，傷害罪のみの故意責任が問われるべきである．それゆえ，行為者は傷害により被害者を死なせたわけであるから，結果的加重犯として，殺人既遂罪ではなく，傷害致死罪の責任を負うべきであるとも考えられる．とはいえ，客観面である殺害に至る危険性の存在に関する認識が行為者に認められるとすれば，この実行の着手すな

わち未遂に応じた故意は認められることになる．それゆえ，殺人未遂罪
と，傷害致死罪の両罪が成立するとの理解が妥当であると思われる．

　このように，行為計画により，規範に直面する時点で該当する罪の故意
を認めることで，全体的考察に対する批判を受けることなく，因果関係の
錯誤に関する事案を適切に解決することができ，また，行為者の主観を厳
密に把握できた一貫性のある故意の認定が可能と思われる．

　第4章では，共犯の錯誤・過剰に関し，行為計画に基づいた故意に鑑
みて共謀の射程を判断するよう試みた．

　東京高判昭和60・9・30は，被告人が対立組織との交渉を有利に進め
るという目的の下で暴行を加えてでも被害者を拉致する旨を指示し，実行
担当者らは自分達の体面を守るという目的で被害者を殺害した事案につい
て，被告人に殺人罪も傷害致死罪の責任も認められないとした．また，東
京地判平成7・10・9においては，実際に行われた犯罪は同一ではあるも
のの，共犯者が共謀とは異なった行為態様をとった場合に，行為者には結
果が帰属されないとされた．東京高判平成21・7・9では，「被害者への
組の制裁」という共謀内容の目的・動機が，第2暴行においても維持され
ているかが判断され，福井地判平成25・7・19も，第2暴行の動機や目
的は，第1暴行とは大きく相違すると判示され，共謀が否定されている．

　このように，下級審においては，客観的には行為態様自体が共謀の内容
に含まれているように見えてもその目的が当初のものと全く異なる場合
や，被害客体および犯罪が同一ではあっても共犯者が共謀とは異なった行
為態様をとった場合には，共謀の射程が否定されているように思われるの
である．それゆえ，共謀の射程を検討するに際しては，構成要件的重なり
合いおよび因果性の問題だけでなく，行為計画に基づいた故意の考慮が必
要であると考えられる．

　過剰行為者（以下，過剰者）が心理的にどのように受け取るかという心
理的因果性と，共犯者が過剰者に向けて発する心理的因果性は別のものだ
と考えられる．たとえば，強盗を行う場合，過剰者は，共犯者が側にいて
くれること・見張りをしてくれていることに安心しており，心理的に犯行

が促進されている．過剰者が心理的にどのように受け取るかという心理的因果性と，共犯者が過剰者に向けて発する心理的因果性は別のものだと考えられる．そして，過剰者が心理的にどのように受け取るかという心理的因果性（物理的因果性も同様であるが）は，客観的に判断されるべきであり，たいていの犯罪においてかかる因果性は存するはずである．その上で，共犯者が過剰者に向けて発する心理的因果性を，行為計画に基づいた故意により判断すべきであろうと思われる．

　ただし，本章の理解によれば，共犯者が過剰者に向けて発する心理的因果性は，あえて「心理的因果性」と称する必要はなく，客観的な因果性が認められた上で，共犯者にその故意が存するか，という点を行為計画に基づいた故意として判断すれば足りるとする．

　つまり，過剰者が心理的にどのように受け取るかという心理的因果性（物理的因果性も同様であるが）は，客観的に判断されるべきである．共犯者が過剰者に向けて発する心理的因果性は，「心理的因果性」と称する必要はなく，客観的な因果性が認められた上で，共犯者にその故意が存するか，という点を行為計画に基づいた故意として判断されるべきである．

　かかる故意の考慮につきドイツの議論を参照し，共同の行為計画から共謀の射程が判断されていることを導き出した．

　そして，共謀については，①動機・目的の同一性（連続性），②過剰行為の予見可能性（随伴性），③行為の質的同一性を考慮して，過剰な行為が行為計画に基づいた故意の範囲にあったか否かが判断されるべきである．その上で本章では，行為計画に基づいた故意の検討がなされる場合に，法定的符合説の適用領域は限られたものになり得るという結論を得た．

　第5章では，未必の故意の事実認定を分析することにより，故意の本質論に迫るという私論をおこなった．従来，未必の故意の議論は，故意の本質論から出発するものであった．しかし，本章では，裁判例における故意の事実認定，とりわけ「特段の事情」が問題となった事案の分析を基礎とし，そこから遡って，未必の故意に必要な要素とは何か，を検討した．つまり，未必の故意がどう在るべきか，ではなく，どう在るのかを明確にす

ることを試みた.

　そして, 本章は, 特段の事情に関する裁判例の考察を基に未必の故意の
成立要件について, A 説【故意＝認識（結果発生の認識）のみ】, B 説【故
意＝認識（結果発生の認識＋結果発生否定意思の不存在）】, C 説【故意＝
認識（結果発生の認識）＋意思（結果発生否定意思の不存在）】, D 説【故
意＝認識（結果発生の認識）＋意思（認容）】の四つの構成が考えられる
ことを示した. また, 認容説よりも認識説の方が, 裁判例における未必の
故意の認定を相対的に説明可能であるとの帰結を得る. そして, ①未必の
故意に認識と意思は必要である. ②判例・裁判例には「認識」・「認容」ど
ちらも散見される. ③判例・裁判例において, 特段の事情により, 「認
識」, 「認容」, 「認識・認容」, 「故意」それぞれが否定されることがある.
④不作為犯や共犯の事案では, 意思要素としての「認容」が認定されてい
る. ⑤故意の認定とは, 心理状態に法的な評価をあたえることである. ⑥
結果が発生しないように期待をすることや, 結果が発生しないことを信頼
することは, 客観的・規範的に認定されるものであり, この存在が認めら
れることより故意が否定され得る. ⑦「あえて」の文言から直ちに「認容
説」は導かれない. ⑧意思において, 無関心な心理状態の者にも故意が認
められている. ⑨危険な行為自体から, 行為者の意思が看取される. ⑩司
法研修所の提言は, 殺人の未必の故意の推認の一方法を示したものであ
る. ⑪殺人の未必の故意の検討において, 阻止閾の理論と特段の事情は同
じ役割を有する. という①〜⑪との帰結を得た.

　とりわけ⑪について, ドイツで用いられている殺人の未必の故意におけ
る阻止閾の理論と「特段の事情」は, 同一の役割を果たしていることにな
る. すなわち, 行為の危険性から故意が推認されるのを妨げる働きであ
る. このように解すれば, 裁判員裁判において司法研究所の提言を活用す
る場合に, とりわけ, 危険の認識のみで未必の故意を認める「殺意の客観
化」の危惧がなされている現状において, 阻止閾の理論は, 客観的故意へ
の歯止めとして大いに寄与しうるであろうと思われる.

　さらに, 故意の本質論との関係で, 行為意思と行為連関性を持った認識

に対し，規範的な評価として，認識を前提に故意を認定することになるとの考察を得て，未必の故意における「意思的要素」は必ずしもすべての場合において必要なものではなく，行為意思が行為から客観的に看取できない場合のみ，認識と行為との行為関連性を補完する消極的構成要素として登場するにすぎないものであると結論づけた．

かかる理解（故意に必要な認識とは何か）を前提とし，各構成要件の実行行為において，客体をどの程度認識すべきであるかという点について，第6章は領得罪を題材に考察を行った．

窃盗や強盗において行為者によって追求された財物が，実際に奪取した容器の中に存在しなかった場合，ドイツの通説によれば，強盗罪あるいは窃盗罪の未遂が認定される．つまり，奪取あるいは領得の対象に関する錯誤は，強盗罪あるいは窃盗罪の主観的構成要件を阻却するとされているのである．しかしながら，近年，容器の中身に関する錯誤は重要でないと判断され，既遂所為による処罰が認められるとした，LG Düsseldorf の判決が登場した．同裁判所は BGH 及び支配的見解を「後まで残る疑念がある」と批判し，容器の中身に関する錯誤は故意を阻却しないと判断したのである．

このような，容器の中身に関する錯誤の問題に対し，本章では，従来の BGH 及び学説を検討し，LG Düsseldorf の判決に考察を加えた．その上で，かかる判決の基礎付けを試みる Böse の見解を概観し，検討した．Böse は「容器」を自動車爆殺事例のような古典的な離隔犯事例とパラレルに考えて，容器の中身に関する錯誤を客体の錯誤の事案と同視する解決策を呈示した．この解釈に対し，本章は，ドイツの通説である具体化説の例外である離隔犯と捉えるのではなく，具体化説そのものの意義から考察を始め，容器の中身を盗む場合には，実際の実行行為，すなわち「奪取」の客体たり得るものを最低限度具体化すればよいのであると結論づけた．

たとえば，殺人罪の実行行為には，銃を向ける先を決めるための「その人」を具体化する必要があり，そもそもそれが「誰であるか」は客体の具体化とは関係のないことである．「誰であるか」は，殺人罪の実行行為を向けるにあたり必要な客体の具体化ではないのである．このように解する

ならば，容器の中身を盗む場合には，実際の実行行為，すなわち「奪取」
の客体たり得るものを最低限度具体化すればよいのである．LG のいう
「奪取行為と領得意図の結合によって，窃盗や強盗が処罰に値する」また
「基準となる奪取時点」は，まさにこのことを示していると思われる．し
たがって，窃盗罪・強盗罪等の奪取罪の構成要件の実行行為である奪取行
為が向けられるのは「容器」であるから，そもそも「容器」のみを最低限
度具体化していればよいと思われる．

　ただし，これは，行為者の実行行為（＝奪取）が，直接「容器」に触れ
る（＝知覚する）ことを前提とする．したがって，行為者が金庫を運び出
せるならば，その金庫は奪取行為の客体たり得るものである．それゆえ，
かかる金庫を奪取し，実際に金庫の中身が紙切れ１枚だったとしても，
そもそも，行為者による奪取行為の客体たり得る最低限度の具体化は認め
られていることから，奪取罪の既遂となろう．

　かかる理解は，もたらす結論においては同一であるものの，上述の
Böse の主張とは立場を異にする．Böse は，容器の中身に関する錯誤の事
案を「離隔犯」と捉え，その定義を「感覚的知覚によらず客体を個別化す
るもの」としているからである．離隔犯の定義自体については，異論はな
いものの，容器の中身に関する錯誤の事案を「離隔犯」といえるかは甚だ
疑問である．というのも，上述の通り，窃盗罪・強盗罪の構成要件に規定
される奪取行為の客体となり得るのは，「容器」であり，この容器自体を
行為者は直接に感覚的知覚によって個別化することができるからである．
したがって，このような事案は，離隔犯という例外として位置づけて論じ
るのではなく，通常故意犯において用いられる具体化説をもって解決され
得るものと解すべきである．つまり，離隔犯の議論を持ち出すまでもな
く，本章が問題とする事案は，感覚的知覚によって特定された客体に結果
が生じたものの，その客体が精神的表象において意図していた客体ではな
かったという，単なる客体の錯誤であると解されるべきである．

　本章は，奪取行為が向けられるのは「容器」であるから，そもそも行為
者は「容器」のみを最低限度具体化すればよいと解し，また，財産罪の特

性に着目した Hillenkamp の見解も検討し，そこから日本への示唆を得た．

　以上，全6章に渡り，行為者に故意が存するか否かの判断を修正された行為計画説に基づいて検討してきた．故意責任の本質に鑑みて，行為者が規範に直面できたか否かを行為計画を勘案して判断する試論を行った．そして，具体的符合説による「具体的な」客体の認識か，法定的符合説による「抽象的な」認識か，いずれが妥当かという立論よりも，故意責任の本質に鑑みて，行為者が規範に直面できたか否かを行為者の行為計画を勘案して故意の有無を判断することが重要であろう．

　行為計画説（修正された行為計画説，Roxin とは異なる行為計画説という意味）によれば，行為者の行為計画に応じて，行為者における客体に対する認識の程度（規範意識の喚起に十分な客体の認識は具体的か抽象的であるか）を決定し，かかる程度の認識の存否により，故意の有無が判断される．様々な動機・目的・行為計画を有する行為者の主観面について，一元的に具体的符合説・法定的符合説，いずれかに振り分けて故意が判断されるべきではない．行為計画により行為者が具体的に客体を予定していたならば，要求される客体の認識は具体的なものであり，かかる認識が行為者に存しないならば，故意が阻却され得る．これに対して，行為者の行為計画が抽象的な客体を予定していたならば，具体的な客体の認識は要求されないのであるから，たとえ具体的な認識がなくとも，行為者に故意が認められ得る．行為者の行為計画が故意に要求される認識対象の具体化の程度をそのつど変更すると捉えるほうが，そもそもの故意の本質により適うものであろうと思われる．

　本書は，行為者の「行為計画」をテーマに故意責任の本質に遡り，錯誤論と故意論を統一的に解釈するよう試論した．もっとも，行為計画は実行の着手における「進捗度」説とも関連するため，まだまだ理論的・体系的に深く検討されるべきであるものであるため，本書は，「行為計画」を実行行為における客体の特定および故意の認識対象や内実を基礎付けるものとして扱う「第一歩」を示したものである．

初出一覧

1 章

「同一構成要件間における方法の錯誤の取り扱い―修正された行為計画説の立場から―」

中央大学大学院研究年報第 43 号法学研究科篇（2014 年）

2 章

「離隔犯における客体の錯誤と方法の錯誤の区別―最後に特定された客体との齟齬―」

比較法雑誌 50 巻 1 号（2016 年）

3 章

「因果関係の錯誤について―行為計画に鑑みた規範直面時期の検討―」

嘉悦大学研究論集 58 巻 2 号（2016 年）

4 章

「共謀の射程の判断―行為計画に基づいた故意―」

中央大学大学院研究年報法学研究科篇第 45 号（2016 年）

5 章

「故意の推認対象と未必の故意の要素―特段の事情を素材に―」

中央大学大学院研究年報法学研究科篇第 47 号（2018 年）

6 章

「領得の対象に関する錯誤―客体の具体化の程度―」

嘉悦大学研究論集 59 巻 2 号（2017 年）

著　者

樋笠 尭士（ひかさ たかし）

上智大学法学部法律学科卒業。中央大学大学院法学研究科博士後期課程修了、博士（法学）。

　同志社大学人文科学研究所嘱託研究員、中央大学日本比較法研究所嘱託研究員、嘉悦大学ビジネス創造学部非常勤講師、大東文化大学法学部非常勤講師、中央大学法学部助教、法務省法務総合研究所委託研究員を経て、2021年より多摩大学経営情報学部専任講師。名古屋大学未来社会創造機構客員准教授を兼務する。

　また、経済産業省のRoAD to the L4プロジェクトや、自動車技術会自動運転HMI委員会などに参画し、ISO/TC241国内審議委員会・専門委員会委員（ISO39003）や、ヴュルツブルク大学法学部ロボット法研究所外国研究員なども務める。

　代表作に、「不作為犯における未必の故意」刑法雑誌62巻1号（2023年）、「自動運転レベル4における刑事実務―道路交通法改正案の分析―」捜査研究858号（2022年）、「『出て行け』等と記載した文書と人糞を封筒に入れて外国公館に郵送し，関係職員に開封させて内容物を認識させた行為が刑法234条にいう『威力を用い』た場合に該当するとされた事例」刑事法ジャーナル70号（2021年）、「共同正犯と方法の錯誤－自身に対する殺人未遂罪」法学新報128巻3・4号（2021年）、「自動運転（レベル2及び3）をめぐる刑事実務上の争点―レベル2 東名事故を手がかりに―」捜査研究 847号（2021年）、「特殊詐欺の受け子と薬物事犯における故意の認定」捜査研究 833号（2020年）、「実行行為と故意～忘却事例を手がかりに～」嘉悦大学研究論集 61巻2号（2019年）など。

刑法における故意と錯誤
行為計画説による見地から

著　者：樋笠 尭士

発行日：2023 年 3 月 30 日　初版第 1 刷

発　行：多摩大学出版会
　　　　代表者　寺島実郎
　　　　〒 206-0022
　　　　東京都多摩市聖ヶ丘 4-1-1　多摩大学
　　　　Tel　042-337-1111（大学代表）
　　　　Fax 042-337-7100

発　売：ぶんしん出版
　　　　東京都三鷹市上連雀 1-12-17
　　　　Tel 0422-60-2211　Fax 0422-60-2200

印刷・製本：株式会社 文伸

ISBN 978-4-89390-198-9
ⓒ Takashi Hikasa 2023 Printed in Japan